【新时代大学生素质教育丛书】

总主编 / 周洪宇

以成长陪伴成长

大学生素质教育案例

宋健　编著

华中科技大学出版社
http://press.hust.edu.cn
中国·武汉

内容提要

支教，作为大学生素质教育"服务性实践"的重要活动之一，具有教育性与公益性，呈现了新时代大学生素质培养的过程和路径。本书讲述了一个大学生社团15年的山村暑期支教故事。以真实案例描述了大学生如何在支教活动中培养社会责任感和使命感，如何练就独立面对挑战的勇气和解决各种困难的能力。在与乡村孩子们相互的"守望"中，大学生与乡村孩子们都得到了成长，是"以成长陪伴成长"的美好诠释。

图书在版编目（CIP）数据

以成长陪伴成长：大学生素质教育案例/宋健编著. -- 武汉：华中科技大学出版社，2024.8.
（新时代大学生素质教育丛书）. -- ISBN 978-7-5772-1197-8
Ⅰ.G640
中国国家版本馆CIP数据核字第20241DP733号

以成长陪伴成长：大学生素质教育案例　　　　　　　　　　　　　　　　　宋健　编著
Yi Chengzhang Peiban Chengzhang：Daxuesheng Suzhi Jiaoyu Anli

策划编辑：周晓方　杨　玲　庹北麟	
责任编辑：江旭玉	
封面设计：廖亚萍	
责任监印：周治超	
出版发行：华中科技大学出版社（中国·武汉）	电话：（027）81321913
武汉市东湖新技术开发区华工科技园	邮编：430223
录　　排：华中科技大学出版社美编室	
印　　刷：武汉科源印刷设计有限公司	
开　　本：710mm×1000mm　1/16	
印　　张：12　插页：1	
字　　数：200千字	
版　　次：2024年8月第1版第1次印刷	
定　　价：49.80元	

本书若有印装质量问题，请向出版社营销中心调换
全国免费服务热线：400-6679-118　竭诚为您服务
版权所有　侵权必究

/新时代大学生素质教育丛书/
总 序

　　素质教育，是以全面提高人的基本素质为根本目的，以人的性格为基础开发人的智慧潜能，以形成人的健全个性为根本特征的教育，是具有中国特色的现代教育思想与教育模式。发展素质教育，是新时期经济社会发展和人自身发展的实际需要，也是贯彻落实党的教育方针、落实立德树人根本任务的实践要求，旨在培养堪当民族复兴重任的时代新人。

　　《中共中央关于进一步全面深化改革 推进中国式现代化的决定》指出："教育、科技、人才是中国式现代化的基础性、战略性支撑。必须深入实施科教兴国战略、人才强国战略、创新驱动发展战略，统筹推进教育科技人才体制机制一体改革，健全新型举国体制，提升国家创新体系整体效能。"其中，科技是第一生产力，人才是第一资源，创新是第一动力。

　　"生活·实践"教育，以习近平总书记的实践育人指示和精神为指导，以陶行知的生活教育学说为理论依据，针对教育与生活、学校与社会、教学与实践脱节的现实弊端，着重培养具有中国心、全球观、现代性的全面发展的高素质时代新人，对于落实立德树人根本任务、深化教育教学改革、推动教育高质量发展以及实施科教兴国、人才强国、创新驱动发展战略具有重要的现实意义。

基于新时代素质教育深入实施的现状，"生活·实践"教育提出了"新素质""新素质教育"的教育改革理念。它上承陶行知生活教育运动，中接国家素质教育行动，下启新时代素质教育实践，承担着传承历史和创新发展的时代使命，是对党的教育方针的贯彻落实，是新时代发展素质教育的中国探索和中国方案。

本丛书以"生活·实践"教育和"新素质""新素质教育"理念为依据，探索新时代大学生素质教育的出路。针对当前大学生素质培养过程中存在的教育与生活脱节、学校与社会脱节、教学与实践脱节等问题，通过阐释新时代大学生素质的构成，界定新时代大学生"新素质"的内涵与外延，以新范式培养大学生新素质，即开展大学生新素质教育。

这套新时代大学生素质教育丛书一共包含三册：《面向"生活·实践"：大学生素质教育导论》《青春成长解惑：大学生素质教育答问》《以成长陪伴成长：大学生素质教育案例》。

《面向"生活·实践"：大学生素质教育导论》力图深入解读新时代大学生素质教育的时代内涵、根本任务，剖析当代大学生素质教育存在的困境，构建新时代大学生素质体系，明确大学生素质培养目标，阐释新素质教育的培养范式、保障体系等，从宏观、中观、微观层面，遵循高等教育阶段人才培养规律，系统、全面地呈现大学生新素质教育理念、大学生新素质培养过程。

《青春成长解惑：大学生素质教育答问》以真实案例为基础，针对大学生普遍出现迷茫、倦怠等问题和困惑，通过讲述故事、分析问题、真实再现的方式，在真实情境中呈现大学生素质教育实施过程中的痛点、难点问题，并进行剖析、解答，进而帮助大学生树立正确的世界观、人生观、价值观，养成健全的人格和成熟的心智，提升成长所需的综合能力，完成从"被动成长"向"自主成才"的转变。

《以成长陪伴成长：大学生素质教育案例》讲述的是大学生的支教故事，描述大学生如何在支教活动中培养社会责任感和使命感，如何培养独立面对挑战的勇气、解决各种困难的能力。在与乡村学校孩子们的相互守望中，大学生与所支教学校的孩子都得到了成长，是"以成长陪伴成长"的美好诠释。支教，作为新素质教育服务性实践的重要活动之一，比较完整地呈现了大学生素质培养的过程和路径。

高等教育是建设教育强国的龙头,是教育、科技、人才的重要结合点。在国家经济社会的发展中,高等教育起到关键推动力、主要贡献者、重要策源地的作用。大学生应主动担起时代重任,积极锤炼本领,成为堪当民族复兴大任的社会主义建设者和接班人。习近平总书记在2023年新年贺词中指出:"明天的中国,希望寄予青年。青年兴则国家兴,中国发展要靠广大青年挺膺担当。年轻充满朝气,青春孕育希望。广大青年要厚植家国情怀、涵养进取品格,以奋斗姿态激扬青春,不负时代,不负华年。"这是对新时代中国青年的美好期待和殷切嘱托。

　　在改革开放和社会主义现代化建设的新时代,大力发展大学生素质教育、提高大学生素质培养成效,培养德智体美劳全面发展、堪当民族复兴大任的社会主义建设者和接班人,服务强国建设和民族复兴伟业,是我们编写本丛书的初衷。期待本丛书的出版,能为此稍尽绵薄之力。

周浩宇

2024年5月于武汉东湖之滨

前　言

/ 回望一段岁月，致敬一个群体 /

人们常说，有初心不难，难的是不忘初心、砥砺前行。有这样一群大学生，因一个善念，持公益之心，执着十余年，翻山越岭只为同一梦想，不畏奔波只为点燃希望。这就是湖北经济学院大学生综合素质培养班（简称素质班）支教队，一个有爱、有故事的团队。

"生活·实践"教育是以生活为中心、以实践为方式的教育，是以生活为内容、以实践为路径的教育，是源于生活与实践、通过生活与实践、为了生活与实践的教育。陶行知的生活教育学是其理论依据。坚持"生活·实践"教育理念的素质班旨在培养具有中国心、全球观的全面发展的高素质时代新人。支教是大学生素质教育服务性实践的重要活动之一。支教能充分发挥青年生力军和突击队作用，把个人所长与国家需要紧密结合，更好地服务国家、服务社会。它是提高大学生综合素质的最直接、最生动的实践形式之一，不仅能够有效解决大学生在校园和课堂中难以处理的许多问题和矛盾，而且能够让大学生在实际操作中真正体验如何运用知识，达到学以致用、用以促学、学用相长的目的，既是帮助西部地区孩子成长，也是大学生自我成长的重要契机，正所谓"以成长陪伴成长"。

素质班支教队的缘起与坚守

素质班的二十条培养方案①中，有一条就是志愿服务，要求素质班的每个人都要做义工。在校时的社团活动与毕业后的长期坚持，已经让素质班的每个人都拥有一颗热爱公益事业的心。

素质班的暑期支教活动得以开展起来并长期有效地进行，离不开第一届素质班成员梁祖德的努力。2007年7月底，他响应国家提出的大学生志愿服务西部计划，来到贵州省黔东南苗族侗族自治州麻江县发展和改革局，开始了为期1年的志愿服务工作。在此期间，因一次"送温暖"活动，梁祖德第一次来到申信小学并由此与王佳优校长结缘。山里留守孩子的淳朴和对外面世界的渴望给梁祖德留下了深刻的印象。志愿服务工作结束后，他回到湖北经济学院，向素质班指导老师宋健提出了组队到贵州开展支教活动的想法，希望引导更多的大学生走出校园，走进偏远山区，用爱和知识为山里的孩子搭建一座通往外面世界的桥梁。

"教育是一朵云推动另一朵云。如果能让素质班的学生去山里帮助那里的孩子实施素质教育，帮助他们实现自己的梦想，这不是一种很好的教育形式吗？"这个善念迅速得到了回应，素质班支教队由此诞生。素质班人先后走进贵州省黔东南苗族侗族自治州麻江县和湖北省恩施土家族苗族自治州巴东县，开启了一段美好而又难忘的青春岁月。

"雏鹰翱翔，与梦齐飞"，怀着服务社会的梦想，素质班从2010年7月开始在贵州省黔东南苗族侗族自治州麻江县开展夏令营暑期支教活动，先后服务了申信小学、青山小学、小堡小学、共和小学、龙山小学和乐埠小学等6所学校。2015年11月，湖北省大学记忆支教助学服务中心成立，旨在汇聚更广泛的社会力量，以保证支教更具有长期性。2017年7月，素质班又开辟了湖北省恩施土家族苗族自治州巴东县清太坪镇姜家湾支教点。

素质班支教队一直在行动。自2010年素质班支教队成立，截至2024年7月，一共有10届素质班成员赴麻江县支教，有6届素质班成员赴巴东县支教。

---

① 二十条培养方案是素质班成立时提出的，旨在让学生以"不为考试加分，只为成长加分"为出发点，在大学里"忙起来，学起来，快乐起来"。相关资料参见《湖北经济学院："二十条"让素质班同学忙起来》(http://hbwh.wenming.cn/wdcj/wmxy/202312/t20231212_8360738.html)。

在支教活动中，素质班人认真教学、用心体验，积累了3000多篇、总字数超过300万字的支教日志；在支教的同时，素质班人走访调研，写下了15篇社会调查报告。素质班支教队的行动也引发了社会的广泛关注，《中国青年报》进行了两次大篇幅报道，《长江日报》《湖北日报》等多家媒体也都进行了报道，湖北省社会科学界联合会主办的大学生成长纪实节目《大学之道》也宣传了素质班团队及其支教事迹，微电影《守望》以梁祖德为原型，讲述了素质班人在贵州省的支教故事。

一个善念，两地相连；数年守望，初心不忘；八方支援，将爱传递。14年来，素质班的支教活动在传递爱与知识的过程中，不仅影响了山里的孩子，而且使参与支教的大学生有了收获。在相互陪伴的岁月里，他们跨越时空，见证了彼此的成长和蜕变。

从传递知识到唤醒渴望

岁月无声，成长有痕。14年的支教历程中，素质班在支教理念上经历了一场自我觉醒与成长淬炼。从最初急切地为山里的孩子传递知识，到后来用爱与陪伴唤醒他们内心对知识的渴望，素质班的支教理念经历了蜕变。

一篇支教日志里有这么一段话："在家访过程中，我们认识了支教点一个孩子养的3只猫。从他的描述中，我们了解到他竟然熟悉这几只在我们看来一模一样的小猫各自的独特之处，他说他能依靠听脚步声判断是哪只猫。这平淡而稚嫩的语言里到底藏了多少孤独啊！每当想起这样的场景，我们没有理由不加倍关心和陪伴这些孩子，要让他们感受到这个世界上除了妈妈，还有人爱他们！"在山里孩子的身上，支教队的大学生看到了朴实的脸庞、清澈的眼眸，还有那种久违的、只属于山野的欢乐，也看到了他们因缺乏陪伴和关爱而产生的孤单和怯懦。

其实，20多天的支教活动并不能为孩子们提供太多知识上的帮助。支教队的大学生和孩子们建立信任的体验弥足珍贵。孩子们的变化和成长，深深地感动和激励了支教队的大学生，让他们感受到山里孩子小小身躯里的巨大能量。第六届巴东支教队的大学生吕慧玲在日志里这样写道："在支教过程中，'改变'这个词一直在我的脑海中浮现。我不仅希望这次支教活动能够改变他们，而且希望能改变自己。确实，我从中得到的收获好像更多，我学会了适应环境，学会了做饭，学会了如何与孩子们沟通，学会了如何与同龄人相处与合作，学会了一往无前。崎岖不平的山路阻挡不了我们前进的步伐，不管调研地点有多么遥远，也不管山间小路有多么难走，我们都能一往无前，去了解这里的风土人情，去了解村民背后的故事。也许我们并不相识，但简单的交流和交谈，也能为这里的人们带来些许温暖和感动。不同的地方有不同的风貌，有不同的习俗和生活习惯，但我们面对生活的勇气和信心是永远不变的，在大山面前，我们共同成长。"

孩子们的变化，也使支教队更加坚定了信心。短期支教能为山区的孩子提供的最大支持，不是往他们的大脑中填塞更多知识，而是帮助孩子们拓宽视野，扩展兴趣爱好，增强学习动力，让孩子们更加自信、自爱、自立，帮助孩子们用新的角度看山外的世界，也帮助孩子们用新的视角看待眼前的困难。谭戌艳2022年被中南民族大学汉语言文学专业录取，她所在的学校是巴东县第一、二、三届夏令营暑期支教活动的服务对象。她说："哥哥姐姐们的到来打开了我们这些偏僻地区孩子的视野，他们引导我们认识到自己的价值，鼓励我们通过努力成为自己的太阳，同时也将太阳的这份光亮和温暖洒向更多人。"对资助过她的素质班第二届成员郑琪和第三届成员王欢，谭戌艳十分感激："即使我们素未谋面，我仍然能够感受到姐姐们给予我的温暖。她们的帮助为我的梦想注入无限的可能，使我在逐梦路上更加勇敢无畏。日后我将继续拼搏，成为优秀上进的人，然后将这份爱与温暖传递下去。"

两个群体、两种力量通过支教彼此碰撞、相互影响。一个是风华正茂、志向远大的大学生群体，另一个是需要陪伴、未来可期的山区儿童，支教成为一种温暖的双向奔赴，也成就了一种有力的双向唤醒。

素质班支教队的运行机制和捐助情况

每届素质班支教队在成立时必须自行协调好团队经费、队员筛选、各类训练和安全保障等问题。

支教队的经费来源于素质班人和社会爱心人士的捐助。每年夏天，在支教队出发前，素质班人都会撰写并发布一份募捐倡议书，已经毕业并参加工作的往届素质班成员纷纷响应。除了素质班人，很多社会人士也会慷慨解囊。正如曾经参与过募捐活动的史国祥同学所说："我一直关注素质班的支教活动，愿尽自己的微薄之力。在孩子们的苦难面前，我们怎能转过脸去不予理会？"正是在经费和情感上得到了广泛支持，支教队才得以持续至今。自2010年素质班支教队成立至今，先后参与支教的志愿者有214人，受益学生超过1000人次。在支教的同时，素质班还坚持长期跟踪资助与回访调研。

尽管经费不是问题，但支教队也懂得珍惜和节俭，想方设法把钱用在刀刃上。为了省钱，去往贵州省的支教队队员每一年都会搭乘湖北武汉至贵州凯里的绿皮火车，坐14个小时的硬座，再乘大巴车到麻江县，最后乘面包车进入黔东南的深山。尽管一路辗转，行程周折，但队员们每次都会在行李箱里塞满为孩子们准备的礼物。

2019年，《中国青年报》以"一个大学社团的十年山村教育试验"为题进行了大篇幅的报道。报道中就有以下这段话："没有学分，不能保研，自贴经费，条件艰苦，你还想去支教吗？对于湖北经济学院学生社团素质班一届又一届同学们来说，答案常常只有一个：想！为了去支教，他们还得竞争上岗，闯过面试、试讲、体能训练等重重关卡，最终通过选拔的同学才能加入支教队。"

的确，素质班支教队的队员招募、面试选拔往往从每年5月开始，通过选拔的队员在6月进入集体备课、课程试讲、体能训练、调研指导等前期准备阶段。这样真诚的态度与认真的准备，为支教队收获良好的口碑打下了基础，队员之间相互信任，为后期支教的顺利进行提供了保障。

结语和展望

从一个人，到一个团队；从一个念头，到数年坚守；十四年光阴，行数万里路；两地支教，我们一直在行动！从象牙塔走向山里田间，感受爱与被爱的双向传递！每个梦想都值得灌溉，虽然一个团队的力量是有限的，但是爱让我们跨越千山万水传递温暖。

身处繁华热闹的都市，我们可能无法真正体会经济困难地区孩子们的生存处境。公益不是一个人做很多事，而是每个人都做一点事；公益从来都离我们不远，它就在我们身边。相信你我的点滴付出，终将产生蝴蝶效应，让孩子们邂逅充满希望的明天。

编者把书稿交给华中科技大学出版社编辑的那一天，恰逢素质班支教队出发，前往贵州支教。正是这样一群人，用跨越时空的守望与坚持，将爱与希望传递，以成长陪伴成长。15年来，一个人、一个班、一个群体在贵州麻江和湖北巴东书写了丰富、精彩、鲜活、生动的支教故事，能够与读者分享这些故事是我们的荣誉。本书的完成要感谢参与过支教的学生、家长、老师的支持和信任；要感谢一届又一届去支教的大学生和为支教服务而慷慨解囊的素质班人和社会爱心人士；还要感谢为此书收集资料和撰写的团队，团队成员有金艳、石凤、赵俊涛、梁祖德、王欢、徐展、刘迪、宋爽、吴曦、张玉琴等。本书所有的文字全部来源于支教的真实生活实践。因编者水平有限，书中有不足、不到，甚至错漏的地方，还请大家谅解，批评指正！

目 录

第一章 点亮心灯：支教队的成立与发展 ……………………………1
 第一节 一个善念 两地相连 ……………………………………4
 第二节 艰难探索 从无到有 ……………………………………9
 第三节 规范运作 自我"造血" …………………………………17
 第四节 新的起点 启航巴东 ……………………………………20
 第五节 守望相助 不忘初心 ……………………………………28

第二章 蜕变之路：支教队队员的自我成长和改变 …………………35
 第一节 远山在召唤 ………………………………………………38
 第二节 为梦想积蓄力量 …………………………………………41
 第三节 在实践中收获成长 ………………………………………46
 第四节 在教育中认识教育 ………………………………………54
 第五节 以成长陪伴成长 …………………………………………64

第三章 静待花开：支教行动中的爱与陪伴 …………………………69
 第一节 播撒希望 …………………………………………………72
 第二节 陪伴成长 …………………………………………………79
 第三节 破茧成蝶 …………………………………………………86
 第四节 静待花开 …………………………………………………94

第四章 烛照远方：支教的社会影响与启示 ······ 105
第一节 王佳优：从踌躇到坚定 ······ 108
第二节 韦运霞：让每一朵花都精彩绽放 ······ 111
第三节 赵华甫：支教是一副营养剂 ······ 116
第四节 李洋：无穷的远方，起舞的生命 ······ 120
第五节 邵卫：托起梦想的翅膀 ······ 124
第六节 刘李勤和武骏节：支教与梦想 ······ 129
第七节 邢月月：山间那一轮明月 ······ 133
第八节 社会媒体：让正能量传播得更广 ······ 137

第五章 探索前行：素质班支教模式 ······ 141
第一节 队员选拔——面试与试讲 ······ 144
第二节 集训——体能训练与知识准备 ······ 148
第三节 备课与试讲 ······ 152
第四节 支教、家访与社会调研 ······ 153
第五节 总结与反思 ······ 158

第六章 双向奔赴：贵州再回访 ······ 159
第一节 心有所系 彼此守望 ······ 161
第二节 精心准备 回望初心 ······ 162
第三节 你我相遇，如此美丽 ······ 164
第四节 支教，到底能带去什么？ ······ 166
第五节 关于支教的再认识：长期支教与短期支教的区分 ······ 172

附录 素质班二十条培养方案 ······ 177

第一章

点亮心灯：支教队的成立与发展

支教是在一次次的跨越山水与一步步的艰难探索中远航，支教队的每一个成员都是这次航行中的开拓者，也是守望者。这段关于支教的旅程因一个人的善念得以开始，因一群人的接力而得以坚守，因持续行动而得以影响更多人。

这是一次从无到有的艰难探索，从支教活动的开展到支教宗旨和目的确定，支教队的每一个成员都在鼓足勇气，笃定前行。他们都需要思考这些问题：我们到底可以为孩子们带去什么？我们依托什么来实现支教的目的？我们如何让当地人相信我们的真诚与力量？这是一次由浅入深的探索，如何使支教成为让孩子们梦想开花的养料？

让我们踏上支教之旅，在贵州省麻江县和湖北省巴东县的土地上，看一看每年夏天都在上演的，与素质班、支教队有关的故事吧！

第一节 一个善念 两地相连

　　这段关于支教的旅程因一个人的善念得以开始，因一群人的接力得以持续。一群人，一个班，一种精神。一群人就是素质班人。那么，何为"素质班"？"素质班"的全称是湖北经济学院大学生综合素质培养班，是以两年为一个培养周期，以自愿、诚信、意志为原则，以"忙起来，学起来，快乐起来"为宗旨；以二十条培养方案（详见附录）为基础；以各类活动为载体，旨在开阔学生视野，用养成教育促使学生形成良好的习惯和高尚的情操，被《中国青年报》称为"只为成长加分，不为考试加分"的大学生社团。多年来，指导老师宋健引领着素质班人执着地探讨教育的本质，回归教育本真，深挖学生的潜能，培养学生的综合素质。素质班的梁祖德被大家亲切地称呼"德哥"，他是素质班精神的创立者和践行者；因为心怀善意，梁祖德踏上了一条传播知识与爱的志愿之路，让相隔千里的湖北省武汉市和贵州省麻江县产生了微妙的联系，为麻江县带去一届又一届的支教大学生，也带去了如春风化雨的志愿精神。

　　2007年5月的某天是个平凡的日子，但对梁祖德而言，那却是不平凡的一天。这天吃晚饭的时候，梁祖德和往常一样，用收音机听着自己喜爱的广播——中央人民广播电台的《中国之声》，"大学生志愿服务西部计划"（简称"西部计划"）这个词刺激到了他敏感的神经。热爱公益事业的他知道，早在2003年，国家就开始实施西部计划，每年从普通高等学校应届毕业生或在读研究生中选送一定数量的人员到西部从事为期1—3年的志愿服务，志愿服务的内容涉及基础教育、医疗卫生、基层青年工作、基层社会管理等。听罢广播，他去图书馆仔细查阅了相关资料，详细了解了"到西部去、到基层去、到祖国和人民需要的地方去"的号召。此后，他便萌发了报名参加西部计划的想法，并毅然开始了行动。2007年7月，作为湖北经济学院当年唯——名西部计划志愿者，梁祖德到贵州省服务了1年，在那里留下了青春的印记。图2-1为梁祖德参与西部计划培训的留影。

第一章 点亮心灯：支教队的成立与发展

图 1-1　参加西部计划培训的梁祖德

贵州省黔东南苗族侗族自治州，是一片让人神往的热土，那里有原生态的少数民族风情。苗族歌手阿幼朵的那首《黔东南的七月》听起来让人陶醉。歌曲唱出了少数民族的热情好客，仿佛把听众带到月亮山上，带到清水江畔，让人流连忘返。然而，贵州省落后的经济状况却不容乐观，当地有一句谚语广为流传，"天无三日晴，地无三里平，人无三分银"，这是我国西南地区经济状况的典型写照。那里地域辽阔，人口稀少，是我国经济欠发达的地区，也是人才匮乏的地区。

梁祖德到达贵州后，被分配至麻江县发展和改革局。在这里工作的一年时间里，梁祖德多次走访当地村民，仔细聆听村民讲述一些麻江县的历史和文化故事，感受着当地人独有的热情；同时，梁祖德也四处调研当地的自然状况和社会风貌。在这一年里，梁祖德对大学毕业生志愿者深入党的基层建设有了更深入的理解。从学校的图书馆到麻江县的田野，从大学毕业生到基层建设者，从书本知识到实践真知，他对麻江县的风土人情、地理环境、气候状况、区位条件以及经济状况进行了较为详细的观察和思考，也对志愿精神有了新的认识。

他曾经在一篇工作日志中这样写道："麻江县区位条件优越。县城西距省会贵阳 109 千米，北距亚洲最大的瓮福磷矿肥基地 65 千米，东距黔东南苗族侗族自治州州府凯里市 37 千米，南距黔南布依族苗族自治州州府都匀市 23 千米。湘黔铁路、黔桂铁路、株六复线横贯县境，320、210 国道和贵新、凯麻高速公路均在县城郊交汇。然而，这样的区位优势目前并没有发挥出应有的作用。很多偏远的乡镇还没有通柏油路，乡村的公路体系有待进一步完善。我去过我们单位的帮扶村——河山村，那里离县城10千米左右，大部分路段是泥路和石子路。夏天洪水冲垮的路面迟迟没有修复。汽车根本开不进村，只能开到村外的小学。河山村户与户之间相距较远，约有两三百米，人站在屋旁，不管是往上看还是往下看，都看不到房子，朝前看，只能看到对面山上的人家。"

麻江县的教育状况更是给了梁祖德较大的冲击。有一次，梁祖德去邮局汇款，旁边一位中年男子拿着一张取款单请他帮忙，梁祖德原本以为他不知道该怎么填写取款单，便指着填写姓名的位置对他说，写上名字就可以了，听到他说"弄不来"时，梁祖德才知道他连自己的名字都不会写。从大学校园走出来的梁祖德，这才知道还有人竟然不会写自己的名字，那一刻，他的内心被触动了，看着眼前这个中年男子，梁祖德对麻江县的教育水平感到震惊。个体的表现反映了背后群体的现状。那一刻，梁祖德想到了很多，最后，一个问题出现在他的脑海："我能做些什么？"

在当地，像那位不识字的中年男子一样，很多人基本没有接受过正规的学校教育，所以他们连外出务工都困难重重。

梁祖德曾经写道："这里整体教育水平低，拥有1000多名学生的麻江县中学，每年能够考取本科的仅有十几人，这个成绩还得益于贵州省相比中东部地区的低得多的录取分数线。山里居住分散，小学生们上学，有的要走上1个小时的山路，因此，河山村的小学上课时间就与其他地方不一样，上午10：00上课，下午2：00下课。学生们的午饭都是从家里带来的。河山村的小学只有100多名学生，每个年级仅有1个班。令我感到意外的是，这所小学每个教室里居然还有阅览角，不过，所谓的阅览角，只有几册少儿读物；教学楼是两层的楼房，是依靠捐助款修建的。在这里任教的有6名教师，除负责人外，其他5人都是20多岁的男教师，他们都不住在学校里，因为学校根本没有房间能供他们居住。听别人说，麻江县还有办学条件更差的学校，只不过是我没有接触过而已。"

一年的志愿服务工作结束后，内心总有个声音促使梁祖德不停地思考：

"面对那样的现状，我可以做些什么？"带着这个问题，梁祖德更加坚定了把支持西部建设进行下去的想法。

2010年5月，素质班举行聚会。刚刚从校园走向社会的青年人满怀着兴奋和期待，开始探索这个社会，或得意，或失意，这场聚会恰好为大家提供了一个很好的交流和分享的机会。在交流中，大家各抒己见，教育行业工作者探讨着教育的本质，创业者讲述着自己的创业经历，在企业工作的白领交流着如何做好本职工作，也有不少爱心人士分享公益故事。其间，梁祖德把自己在麻江县当志愿者的经历讲给了大家听，并主动向宋健老师提出到贵州省开展暑期支教活动的想法，希望引导更多的大学生走出校园，利用暑期走进经济困难的山区，用爱和关怀为山区孩子搭建一条通往外面世界的桥梁。

有感于梁祖德的奉献精神和真诚愿望，宋健和第一届素质班成员赵俊涛发出倡议，素质班开始筹划第一次麻江县暑期支教活动，这项教育公益事业就此起步。宋健老师和素质班成员一起学习其他社团相对成熟的支教经验，多次开会研究讨论素质班支教模式的定位，商讨支教方案、制度架构、各项细则和注意事项。梁祖德本人也与麻江县申信小学的王佳优校长做好了充分的沟通，在获得对方认可，并论证了方案的可行性之后，素质班支教活动于当年夏天正式拉开帷幕。

2010年5月，支教队开始招募人员。很多大学生递交支教申请书，参与严格的选拔、严肃的备课试讲、严苛的体能训练，经历了这样一整套流程后，支教队终于踏上了从武汉市到麻江县的征途。临行之际，宋健老师对同学们说："我相信，在贵州，你会看到孩子们明亮而充满渴望的眼睛，那里的孩子渴望走出大山，用自己的知识去改变命运。21天的陪伴能够让孩子们的梦想飞到外面的世界，这就是你们为他们带来的希望。这个过程也能培养你们的责任感。"他嘱咐大家："我们要放开眼界，在实践过程中学会观察，观察生活，观察社会，同时也要观察当地的自然风景、民族文化、教育状况、经济情况，要快乐地完成我们的活动，为我们的实践报告准备丰富的题材，为我们完成高质量的调研报告做好准备。"

源于梁祖德的一个善念，武汉市和麻江县从此建立了微妙的联系。从2010年7月开始，湖北经济学院素质班到麻江县开展主题为"雏鹰翱翔，与梦齐飞"的夏令营暑期支教活动,至今已经连续开展了10届,参与队员达184人,先后在申信小学、青山小学、小堡小学、共和小学、龙山小学和乐埠小学等6所村级小学开展支教活动。通过支教,素质班将素质教育理念带到了麻江县,通过美术、音乐、手工、舞蹈等兴趣类课程,带领山区孩子们启发兴趣、丰富生活、拓宽视野、播种希望。

正如第一届夏令营暑期支教活动参与者、贵州队队长陈莹在《想念申信小学的孩子们》中写道:"若不是梁祖德,素质班也就不会每年暑期派出队伍去申信小学支教,我也就没有机会以队长的身份来参与这样一项有意义的活动。每次看到梁祖德在支教点教学,我都会被他的大爱情怀触动,如同我每一次听到宋健老师的演讲时就会对生活重新充满激情的感受一样。生活中总会有那么一些人,让你感动,给你动力!"

第一届贵州支教队队长朱怡敏在结业仪式上的发言(节选)

每一次家访,都能带给我们许多感动。在孩子们的家里,我们看着墙上贴满的一排排奖状,看着他们每天放学后不得不去放牛、喂猪、做饭的身影,我们知道,经济上的困难击不垮孩子们的梦想,只要有梦,就有希望!亲爱的孩子们,我们远道而来,和你们相处的时间只有短短21天。我们多么希望你们可以知道机会不是别人给你的,而是你们自己争取的;我们多么希望你们可以在学习中懂得把帮助别人当作自己最大的快乐;我们多么希望你们能够一步步变得主动一点,慢慢地变得自信起来。我们知道,我们只是支教老师,我们能给予你们的知识真的非常有限,我们做得真的还远远不够。

第二节　艰难探索　从无到有

说到素质班贵州支教队的探索之路，有一个人不能不提，那就是王佳优校长。他有着黝黑的皮肤、敦实的身形，是个地道的贵州汉子。"王哥"是梁祖德对王佳优校长习惯而亲切的称呼。

在参与西部计划期间，梁祖德参与了共青团麻江县委组织的"送温暖"活动（见图1-2），来到了位于麻江县杏山镇的申信小学，结识了当时的校长王佳优。两人一见如故，聊起了教育，讨论了开展支教活动的可能性。两人的这次见面和交流为后面的贵州支教奠定了基础，也由此开始了素质班与王佳优之间长达十多年的深厚友情。

图1-2　梁祖德参与共青团麻江县委组织的"送温暖"活动

麻江县支教活动得以开展并持续进行，离不开王佳优校长的积极奔走。第六届贵州支教队队员昝彩虹在日志中提到，王佳优校长"不是亲人，胜似亲人"，他像一位长者，会在支教活动结束的时候向他们表达祝贺和感谢，也像一位朋友，会和支教队的队员们一起守在电视机前观看伦敦奥运会开幕式。

有了王校长的认可和支持，素质班的贵州支教活动在摸索中开始前行。素质班成员向湖北经济学院校内的星火学社、萤火虫学社、吴天祥小组等团队和相关老师取经，从网络资料中学习，确定支教宗旨、主题、目的、课程体系，制订了社会调研、后勤保障等各项制度。

机会是留给有准备的人的。素质班得到了前往贵州省支教的宝贵机会，这对素质班来说，对素质班支教队来说，甚至对王校长所在的申信小学来说，都无疑是一次史无前例的壮举。那么，如何找到素质班的定位？暑期支教意义何在？素质班支教的内核又是什么？在2010年的夏天，首届贵州支教队开始第一次思考这些问题。

宋健老师办公室的灯光柔和而明亮，来自不同专业、不同地域的支教队队员为着同一个信念，聚集在一起讨论素质班暑期支教的定位。在这次激烈的讨论中，大家畅所欲言，思想的火花不断碰撞。有队员表示迟疑，在素质班之前，有无数大学生群体开展暑期支教活动，在素质班之后，也仍然会有无数大学生群体到山区支教，那么，我们的支教对于山区的孩子而言有什么特别的意义？有队员提出，可以多参考其他社团较成熟的支教模式，也有队员表示，可以从素质班精神中寻找答案……

在充分讨论之后，一个掷地有声的答案产生了——支教活动要延伸素质班"忙起来，学起来，快乐起来"的培养宗旨，同时对此加以优化，确定了"玩起来，学起来，快乐起来"的宗旨。保留"学起来"和"快乐起来"，这是对素质班有关求学、求知、幸福、快乐等教育理念的继承；将"忙起来"改为"玩起来"，这是基于对小学教育与大学教育差异的理解，相对于大学生，适合小学生的学习模式是寓教于乐，要花更多的时间培养孩子们的兴趣，锻炼孩子们的交往能力，激发孩子们的想象力和创造力，这有利于培养孩子们的语言表达能力、社交能力以及共情能力，更利于孩子们的身心健康，引导孩子们在玩中学起来、快乐起来，使孩子们的心智和人格更加健全。正如宋健老师在素质班的刊物《大学记忆》上发表的《对教育的一点思考》一文中所言，"这个阶段的教育（大学前的教育），孩子们被各种培训、培优、辅导等占满了时间和空间。有的孩子甚至认为，学习目的就是在考试中获得高分，正是这种'饱满'的补习，掏空了孩子的好奇心和求知欲，这也是为什么今天的大学生容易得'空心病'的原因，显然'玩起来'是更适合小学生的教育形式。"

在那个酷热的夏天，经过半个多月的专业集训，支教队按计划做好了出发前的素质拓展训练和特色课程准备。以"玩起来，学起来，快乐起来"为宗旨，支教队希望为孩子们创造一个轻松、愉快、收获颇多的暑假。围绕这一宗旨，他们设计了快乐英语、趣味作文、文艺欣赏、人文地理、知识百科、素质拓展训练等课程，希望能借此培养孩子们快乐学习、独立思考、团队合作、沟通交际等综合能力，更希望能以真诚和努力为孩子们打开一扇通往外面世界的大门，为孩子们的梦想插上爱的翅膀。第一届贵州省支教队队员王欢在日志中写道：

和我们掌握其他能力一样，爱的能力也是需要学习才能掌握的。好比学医，你不可能生下来就是一个医生，你必须通过学习，才有可能成为一个医生。我们结合申信小学的情况，对在集训期间准备的很多课程进行了调整。语文课上，我教《心里话》，他们用最真挚的声音告诉我：别人与我比父母，我和别人比明天。

如果说
梦是有灵性的
感谢命运女神
为我发出那一张请柬
为我购买一张远程车票
带我奔赴他乡
感谢我的眼睛

带我重新观察这个世界
回望梦开始的地方
苦涩的泪滴在流淌
我怀念着
那一天天滑过的日子

支教活动让我们在社会实践中成长，在支教中学会爱与智慧，在家访中感受理解，懂得感恩，在生活中获得友谊。我们了解到，正因为有了苦难和磨炼，生命才别有一番滋味。

事实上，在此之前，麻江县并没有大学生支教的先例，王校长出于对梁祖德所代表的素质班的信任，成为麻江县第一个接受支教队开展活动的校长，而他所任职的申信小学也成为当地第一所开展支教活动的学校。

在支教、调研走访期间，甚至在支教结束后，支教队队员也听到了来自社会各界不同的声音。不得不承认的一点是，暑假短期支教对这些求学路上的孩子们来说可能只是杯水车薪，对孩子们成绩的提高也只能发挥微不足道的作用，他们需要的太多了，而支教能给予他们的却太少。人们关于短期支教的指责与怀疑从未停歇，理由大致有"形式大于意义""带给孩子太多危害""时间短，没有用"等。也许，在许多素质班人选择踏上这条路时，他们的亲人和朋友会不理解，毕竟前往偏远山区存在的安全隐患会令他们担忧。也有人觉得这样的短期支教意义不大，大学生为何不利用假期参与实习，丰富自己的阅历，反而要自费去支教呢？在远赴异地之后，少数当地人也对此表示不理解、不支持。刚开始走进村庄时，支教队队员作为外地人，常常会被人用异样的眼光打量，也会有一些当地的小学老师表示不欢迎他们。其实，支教到底意义何在，取决于我们怎样看待它。有人质疑，就有人支持，正是在充满矛盾的声音中，支教队队员砥砺前行，才更加明白坚守的意义。"爱"和"梦想"，这两个词语一次又一次地出现在队员的日志、感悟、心得中，怀揣着爱和梦想的支教队从一开始就坚定地相信其中的意义，并且从未忘记。

支教队队员日志（节选）

我们来到这里，最主要的目的就是带给他们新的感受，带给他们外部世界的缩影，带给他们爱，带领他们探索实现梦想需要哪些条件。进行素质教育也是我们素质班人应该努力的方向，我们还应该让他们明白什么是素质、什么是素质教育，让他们知道，即使身处大山，他们也有自己的优势。因为长期与大山打交道，他们没有城市孩子的娇气，有着比城市孩子更强健的身体。他们还应该学会怎么与人交流，

> 与人沟通，学会团队协作。简单来说，提升这些能力的教育就是素质教育。
>
> ——第一届贵州支教队团队日志
>
> 山村里的孩子们都很害羞，我们要给予他们爱和勇气。赞美是一种很好的鼓励。我擅长通过观察发现孩子们身上的闪光点，并用合适的语言称赞他们，帮他们克服自卑、建立自信。看到他们的进步，我知道我成功了。在这次支教活动中，我们以"爱"为主题开展情感教育课程，告诉孩子们爱是有内容的、爱是需要表达的。
>
> ——徐冰《我做了一个正确的选择》（第二届贵州支教队队员日志）
>
> 作为老师，我有责任给予他们关爱，让他们感受到自己的重要，自己不是没人疼、没人爱、没人照顾的小孩。如果我们教会他们爱自己、爱他人，孩子们在一起融洽相处、相亲相爱，不就可以弥补他们以往缺失的爱吗？
>
> ——姚慧《这些不曾拥有的感受》（第二届贵州支教队队员日志）

如果说对于支教宗旨和目的的思考是顶层设计的话，那么课程体系的设置就是具体的贯彻和落实。既然在短时间内难以对各学科知识点进行系统讲解，那么暑期支教在课程上就应该不同于学校正式课程，应该在趣味、创意、实用方面做出探索，带给孩子们全新的成长体验。

事实上，这一定位和理念是在支教过程中逐渐变得明晰的，支教队队员采用的教学内容和方式方法也是在实践和探索中不断发展的。在支教方式上，素质班支教队经历了由单纯的课程教学到乡村夏令营的转变，从最初的纯知识教学转变为以教学为主、以课外活动为辅，再到开创各种具有实践性和创造性的活动课程，这也正好弥补了当下山区教育的短板——即使目前山区教育条件相比过去有了一些改善，但山区的学校依旧面临师资短缺、课程单一的问题，短期支教的着力点就应该放在这些孩子们真正缺少的东西上，提倡德智体美劳全面发展，带领孩子们培养兴趣、拓展视野。

果然，寓教于乐的方式得到了孩子们热情的回应。趣味作文课程让孩子们用更快乐的方式和文字去写作，人文地理课程引导孩子们了解更广阔的世界，文艺课程带领他们体验美好的生活，英语启蒙课程让他们对英语有了初步的了解，军训和素质拓展课程加强了孩子们的组织性和纪律性，也是对孩子们团队协作意识的启蒙。

在课程安排方面，支教队队员分工合作、各司其职。朱怡敏负责音乐课，郭彦和许梦蝶负责人文社科类课程，李胜和杨龙负责地理、安全常识课程，游学超负责军训和体育课程，陈双双和彭良玉负责英语课程。有了明确的分工，大家便开始积极准备。

游学超当时正在读大二，平时说话非常调皮的他做起事来特别认真，不管遇到什么事情，他都能虚心听取别人的意见，积极从自己身上找问题。他查阅了大量资料，对孩子们的行为、心理等方面的特征有了初步了解。他说："每一个孩子都需要被关爱，只有充分了解他们行为背后的心理因素，我们才有可能走进这个孩子的内心，对症下药，因材施教。"他既想在孩子们面前树立威信，让孩子们理解什么叫严守纪律，又想保持亲和力，和孩子们打成一片。如何找到平衡点？他竭尽全力地探索，对孩子们也无比耐心。孩子们也感受到了他的用心和努力，他们亲切地称这个既严厉又亲和的大哥哥为"山寨教官"。第一届贵州支教队队长朱怡敏说，她其实压力很大。她特别喜欢孩子，也特别想为这些孩子带来不一样的体验，但又怕自己因为缺乏经验而让孩子们失望。朱怡敏常说，从这些孩子的眼中，她看到了一些很纯粹的东西。其实，那是因为跟山里孩子们在一起，她的心像这片群山周围的天空一样，变得如此晴朗、如此清澈。

"雏鹰翱翔"素质拓展训练营是支教活动的第一站，这个环节的设计别具匠心。一方面，这里的孩子对队员们的到来还不太习惯，这成为一个创意十足的"破冰"环节；另一方面，这些山里的孩子从未接触过与素质拓展相关的训练，这可以培养孩子们的爱国主义情操，锻炼他们的系统协调性、行为规范能力和意志力，扩宽他们的视野，点燃他们走出大山、建设家园的激情。

这也正是素质教育理念在支教活动中的贯彻和体现。这些对新鲜事物充满好奇的孩子们一个个热情高涨,以游学超为首的三位教官身着迷彩服,认真地教他们站军姿(见图1-3),练习稍息、齐步走、正步走等基本动作,教他们唱《团结就是力量》等军歌,带他们做夹气球奔跑等素质拓展游戏。这些新颖的内容和方式对孩子们有着特别的吸引力,他们不仅上课时认真练习,而且在课余时间玩耍时都会自己唱起军歌。

图1-3 孩子们在站军姿

地理课上,支教队队员分享探险家的故事,激发了孩子们对外面世界无尽的向往,还带领孩子们走出课堂,在乡间小路上探索植物的奥秘;趣味作文课上,当支教队队员在黑板上写下"我的梦想"这个主题时,孩子们清澈的眼睛里满是对未来的期待;音乐课上,手语表演打开了孩子们通往新世界的大门,偶尔出现的小错误惹得大家哄堂大笑;演讲课上,孩子们化身自信的小小演说家……每一名支教队队员都竭尽全力,用心准备和上好每一堂课。在支教的那些有限的日子里,他们给了孩子们无限的惊喜和期待。

当支教结束时,支教队队员再次问起王佳优校长如何看待素质班的支教活动。王校长并没有说过多华丽的语言,他说得最多的两个字就是"感动"。他说,平时表现不太好的孩子在支教活动中表现良好,这令人感叹;他还表示，孩子们的进步完全打消了他内心的担忧，他对素质班未来的支教活动充满信心。

"雏鹰翱翔"素质拓展训练营策划案

训练营主题：爱和梦想

训练营队旗：素质班班旗

训练营口号：有爱有未来，有梦有明天

时间：2010年7月15日至17日

地点：申信小学

训练对象：申信小学四、五、六年级学生

参训人数：120人

训练营组织结构：1个营、3个连、9个排

训练营营长：游学超

训练营副营长：李胜

训练营政委：朱怡敏

连长：游学超（一连）、李胜（二连）、杨龙（三连）

教练组组长：游学超

教练组组员：杨龙、彭良玉、李胜、郭彦

后勤组组长：陈莹

后勤组组员：陈双双、许梦蝶

医疗安全组组长：杨龙

第三节　规范运作　自我"造血"

支教就像是在土壤中种下一颗颗种子，这些种子会在支教队队员的陪伴和引导下开始发芽，最终长成参天大树。其实，这些发了芽的种子需要更多的关怀和持久的呵护，短期支教并不能满足孩子们长久的需求。

在走访学生时，支教队队员李胜特别注意到一个叫王正渊的男孩。他父亲去世后，母亲离家出走，留下他和两个年幼的妹妹，在这样的环境中成长起来的王正渊性格开朗乐观，积极向上，像极了乡间迎风生长的劲草。家里的经济条件并不允许他继续读书，这样的现状揪住了李胜的心。素质班第一届成员赵俊涛知道后，一个想法产生了——素质班二十条培养方案中，有志愿服务的内容，受此影响，赵俊涛决定每年给予王正渊一定金额的资助，直至他完成大学学业。但是，像王正渊这样的孩子并不少见，在支教的过程中，通过一家一户的走访，支教队队员发现，许多山区孩子在求学路上都面临经济困难。

素质班又有了新的想法。在赵俊涛的倡议下，素质班支教队决定成立一个规范的助学公益组织，汇聚素质班历届成员和来自社会的爱心力量，为那些需要帮助的学生提供更多的支持和资源，形成素质班"短期支教＋长期助学"的支教助学模式。

初步成立

2015年11月28日，经过3个月的紧张筹备，湖北省大学记忆支教助学服务中心（简称支教助学服务中心）正式成立，各部门的负责人是大家投票选举的。随后，大家围绕资金来源、资金使用规范展开深入讨论，为支教助学服务中心未来的发展铺就坚实的基石。

素质班人越来越明确的是，短期支教和长期助学相辅相成，缺一不可。短期支教如同播种，长期助学则是精心呵护种子萌发的幼苗。只有持续地为学生提供关怀和支持，才能真正帮助他们茁壮成长，实现自己的价值，并回报社会。支教助学服务中心由素质班创办，是专门服务于支教和助学活动的社会公益组织，目的是支持偏远山区的孩子接受素质教育。素质班在麻江县坚持多年的支教活动为其提供了丰富的理论与实践基础，这是一次开拓性的尝试，意味着湖北经济学院素质班走向更广阔的天地，影响更多的人。

逐渐走向正规化和专业化

从"雏鹰翱翔，与梦齐飞"支教队，到支教助学服务中心成立，素质班的支教事业完成了向自我"造血"的蜕变。一方面，支教队队员拥有更加充裕的资金来开展夏令营活动，而当地的孩子们也能接受更加多元新颖的课程；另一方面，素质班拥有更广泛的社会支持和资源，能够更好地将各种社会资源与支教事业匹配和对接。支教助学服务中心成为一个可靠的、有执行力的支教平台。

从2015年成立，截至2024年，支教助学服务中心连续10年在贵州省麻江县、连续6年在湖北省巴东县开展支教助学活动，先后有7所小学、超过1000名学生从中受益，支教助学服务中心还资助了42名经济困难学生继续完成学业。素质班坚持长期跟踪资助与回访调研，先后为麻江县共和小学等6所学校和湖北省鹤峰县太平镇捐赠校服566套，累计捐赠了价值达3万多元的文教体育用品，先后资助了陈诚、文真琪等30名经济困难学生，资助金额237700元（截至2024年5月），其中的24人获得了长期资助。受资助的学生中，王正渊、王金翠、谭戌艳、杨海平、陈许宝、何泰等以优异的成绩考上大学。从2023年下半年开始，支教助学服务中心先后在贵州省麻江县的乐埠小学、隆昌小学和湖北省巴东县的清太坪民族中学设立"大学记忆"奖学金。

支教助学服务中心承载的不仅仅是爱，更多的是责任。长期开展助学活动离不开素质班人内心强烈的责任感。支教助学服务中心的愿景是："能资助和服务更多的学生，为社会做出更大的贡献。"秉承着帮助一个是一个的原则，支教助学服务中心的人员经常走访受资助的学生家庭（见图1-4），用实际行动让经济困难学生看到了希望，不失去对学习和生活的信心。资助形式是每学期给予资助对象1000元，直到其高中毕业。

图1-4　支教助学服务中心走访部分受资助学生家庭

从一个人，到一个团队；从支教队，到支教助学服务中心；跃数年光阴，行数万里路；两地支教，素质班一直在行动！去麻江，往巴东，从象牙塔走向田间，感受爱与被爱的双向传递！每个梦想都值得灌溉，虽然人的力量总是有限的，但是爱能跨越千山万水传递温暖。

第四节 新的起点 启航巴东

2015年底，也就是支教助学服务中心成立后不久，素质班的支教事业在一次偶然的契机中得到了进一步发展。事情还要从素质班第一届成员赵俊涛在媒体上看到袁辉老师义务支教的故事讲起。

2012年，袁辉从南京大学历史系毕业后，来到湖北省巴东县的乡村小学支教，做了一名教育志愿者。当时，他承担的教学任务非常繁重，他每天在校内上6节课，在校外还为学生青青（化名）开办了"一个人的课堂"。青青是白沙坪小学六年级的学生，患有成骨不全症，从小一遇到磕碰就容易骨折，是个"瓷娃娃"。不忍看到青青辍学，袁辉每周到青青家义务上课，每周去2—3次，每次往返25千米。"一个人的课堂"持续至今，袁辉为此骑坏了两辆摩托车。2019年4月27日，第23届"中国青年五四奖章"评选结果揭晓，巴东县清太坪镇白沙坪小学的支教老师袁辉荣获"中国青年五四奖章"，成为湖北省唯一获奖个人。

袁辉坚守恩施支教的故事，深深感动了同样心系山区孩子的素质班人。2016年5月，同为素质班第一届成员的梁祖德和赵俊涛前往巴东县清太坪镇白沙坪小学，拜访了袁辉老师，并经袁辉老师介绍，对当地两名经济困难学生进行长期资助。

尽管已经有了麻江县作为支教地，尽管每年从组织到实施支教活动都不是件容易的事，但一旦有了决心，任何困难都阻挡不了素质班人的行动。和贵州支教队的流程一样，巴东支教队的筹备工作也有条不紊地开始了：2017年4月，开始公开招募、选拔支教队队员；5月底，素质班巴东支教队正式成立；6月，大家开始集体讨论、备课试讲，同时，每周5天的晚训（见图1-5）也开始了，支教队队员练习深蹲、拉伸、蛙跳，坚持站军姿、俯卧撑、耐力跑。每天晚上，湖北经济学院东大门的夜空都响彻着"忍辱负重，坚韧不拔，首战用我，用我必胜"的素质班口号。

第一章　点亮心灯：支教队的成立与发展

图1-5　支教队队员正在参加晚训

7月初，期末考试结束后，支教队的各项准备工作已经就绪。7月10日，素质班支教队兵分两路，分别奔赴贵州省麻江县和湖北省巴东县。

在袁辉老师的见证下，素质班在湖北省恩施土家族苗族自治州巴东县清太坪镇姜家湾教学点（见图1-6）的支教助学活动正式开始。

图1-6　姜家湾教学点

所谓教学点，就是尚不成建制的小学，是农村义务教育调整布局的产物，常见于交通不便、人口稀少的山区和经济欠发达地区。教学点作为乡村教育

- 21 -

的重要教学组织形式，不仅为学生提供受教育的机会，而且是承载当地居民希望的摇篮。办好教学点，是教育扶贫的应有之义。

生源和师资成为教学点无法避开的痛点。以2011年为例，姜家湾教学点只有两个班，27名学生，而教师资源更是匮乏。虽然当地教育局非常重视，但无奈财政支持力度有限，为一个只有20多名学生的教学点配置更多教师资源显然不太现实。这里地处山区，交通不便，距离最近的客车停靠点都有10千米，除了袁辉老师，也没有外地教师愿意来这里。与此同时，许多在经济上有能力的家长也逐渐把孩子带到附近的白沙坪小学和野三关镇上的学校读书，姜家湾教学点学生数量进一步减少。到了2019年，这里的学生数量只有个位数。由于教育部门要求整合教育资源，姜家湾教学点被列入撤并计划，2020年正式撤销。

尽管姜家湾教学点面临撤并，但每到暑假，许多在外地上学的小学生都会返回家乡。暑假对于这些孩子来说，并不一定是快乐的，孩子们彼此相隔较远，且不都是同学，彼此不认识，所以许多孩子暑假时大多和老人一起待在家里。

巴东支教队的到来改变了这一现状。支教队队员把待在家里的孩子们聚到了一起，大家一起上课学习，一起打球、玩耍，姜家湾教学点展现出了从未有过的活力。

作为素质班支教助学活动的一个新起点，巴东县的支教环境也非常艰苦。姜家湾教学点地处武陵山脉，比麻江县的山路更加曲折，这里交通更加闭塞，经济也更加落后。在麻江县乐埠小学，至少还有宿舍供学生居住，但姜家湾教学点除了三间没有灯的教室，以及教室门前那一小片可以作为操场和篮球场的水泥地，其他一无所有。支教队把一间教室用于小学部教学，一间教室用于初中部教学，最后一间当作厨房、餐厅和队员休息室。巴东支教队初来乍到，连一张能睡觉的床都没有。起初，支教队队员睡在学校外一个破旧的乒乓球台上（见图1-7）。那年夏天，谭戌艳的爸爸带着她来姜家湾教学点报到。一开始，年纪尚小的谭戌艳一想到暑假不能出去玩，就对支教队非常抵触，但是迫于爸爸的要求还是来了。那天晚上，她爸爸问起支教队队员怎么休息，得知队员们只能睡在乒乓球台上，他觉得心里很过意不去，于是热心地邀请支教队队员到家里去住。为此，他们家腾出正在住的房子，一家人搬回老房子去住。支教队队员感动不已，他们终于有了能睡觉的屋子（见图1-8）。

图1-7　队员们最初只能睡在破旧的乒乓球台上

图1-8　改善后的住宿条件

与此同时，水源成为支教队面临的最大问题。这里常年缺水，水库里的水并不能满足当地人的用水需求，自来水更是说停就停。每家每户只能依靠各家的蓄水池，但是姜家湾教学点没有蓄水池。好在教学点旁边开小卖部的田阿姨愿意为支教队提供生活用水，于是，队员们每天提着桶去田阿姨家打水洗菜、做饭。然而，到了枯水季，停水时间太长，田阿姨家的水也不够用了。

支教，是素质班发展的必然结果，是秉持志愿精神的素质班人回报社会的一种方式，已经成了素质班的光荣传统和重要工作内容。每个素质班人都心系暑期支教活动，在帮助山区孩子和家庭的同时，他们也通过参与社会实践促进了自身发展。

2010年，一个偶然，心系教育的两心相牵；一个决定，相隔千里的两方相遇。一旦开始，素质班人就再也没有停下脚步。2017年，素质班再次启航巴东县，这段艰难的旅途是素质班人寻找和发掘真善美的历程。如今，支教队在巴东县已经走过六年时光。在这六年时间里，支教队队员们在此陪伴上百名孩子度过了愉快而充实的暑假，很多孩子每年都专程从外地回到家乡，他们对支教队的付出念念不忘。这里的青山、蓝天和白云给了这些孩子特有的生命力和创造力，也为支教队队员们带来了无限的感动。

热烈而灿烂的夏天，成了双方共同的期待。

不负韶华，追梦启航
——第三届巴东支教队队员何秋峰的支教心得

坚定支教信念

我本想大一暑期参加支教活动，却因意外状况耽搁，因此，今年看到支教队招人时，我便毫不犹豫地递交了报名表。我已经大二了，大三要准备考研，没有时间，因此，若是错过此次机会，我便没有机会了，在以后的日子里，我一定会感到非常遗憾。

支教前言

支教过程很不容易，光是前期准备、筹划就花了我很多时间和精力。因为申请的人很多，我就要通过重重筛选，如面试、试讲、体能训练等，筛选一直持续到支教活动正式开始。可以说，这重重关卡能剔除那些不是一心一意想去支教的人员，留下来的人都怀有一颗赤子之心。在试讲环节，我讲得很差，本以为会被淘汰，没想到素质班领导认为我具有很大的潜力，使我有幸留了下来；每晚晚训时，因为不太擅长运动，在训练过程中，我常常成绩倒数，非常担心被淘汰，幸好我坚持到了最后。这让我明白，凡事不到最后，坚决不要轻言放弃，因为过程还没结束，结果便没有确定。晚训从5月底开始，持续到7月初，一个多月的训练说长不长，说短也不短，有苦也有乐。每周5天的晚训上，有3天是体能训练，有2天是素质拓展。体能训练的目的是保证我们支教时能承受艰苦的条件，我们每晚训练时都汗如雨下，衣服可以拧出水来；素质拓展的目标是让我们的团队更有凝聚力、更团结，训练场上充满了欢声笑语。我觉得，体能训练和素质拓展都很有意义，也很有必要。除此之外，我们还要做教案，为的是在正式支教上课时不显得匆忙慌乱，这很好地提升了我们的素质，也让我们明白做事前要有详细的计划。

民风淳朴，与爱同行

　　数次惊险过关让我深感幸运，也更加珍惜这来之不易的机会。在临行前几天，我对支教充满期待，早早地就想好了要带去的东西，幻想着正式支教的情形……7月17日是我们出发的日子，团队租了辆客车，带着大家一起前往武昌站乘坐绿皮火车。到了武昌站，巴东队和贵州队分开，我们互相祝福彼此，都有点不舍……七八个小时的绿皮火车很难熬，我坐立不安，但好在是几个人坐在一起的，大家聊天，互相打气。随后，经过多次转车，我们到达住的地方，是一户村民家。村民特别照顾我们，把自己的新房借给我们居住，我们有点不好意思……那里有三个房间，每个床由两人或三人共享，我感觉住宿条件也没有很差。之后，我们步行前往教学点，也就是我们进行教学活动的教室，距离住处大概一两公里。由于是第一次到教学点，我们都感觉很新奇，对接下来的招生及调研也充满了期待。

　　教学点并没有我们想象中的那么破败。那里有两间教室和一间厨房，经过简单的商议后，厨房也成了我们的办公室，一间教室作为小学部，另一间教室作为初中部。我们遇到的第一个问题，就是厨房长期停水，因此，我们如果要用水，就只能去隔壁阿姨家用桶提水，所幸阿姨特别照顾我们，任我们从她家提水……用水不便这个问题在我们支教活动中始终存在，好在我们克服了。我们一日三餐都是自己做饭，会做饭的没多少人，因此饭菜谈不上可口……其实，我们早有这方面的心理准备，因此也都没有发牢骚。只是因为地处山区，买不了菜，因此菜的种类也很单一，好在有学生家长常常往返镇上和村里，我们便请求他们帮我们买菜。这里的村民特别淳朴，有很多家长自发送菜给我们，这让我们很感动。无论是让我们借宿的叔叔，总是为我们提供帮助的小卖部阿姨，还是常常买东西送给我们吃的学生及他们的家长，调研时热情配合我们的村民，都让我们发自肺腑地感动……

因为我们前几年支教时口碑很好，很多村民主动把自己的孩子送到我们教学点来，有的孩子家里距离教学点很远，但家长还是坚持接送，他们很相信我们。后来，由于孩子实在太多了，我们不得不停止招生。孩子和家长的热情也激发了我们的干劲，我们对支教也分外用心。

在教学过程中，很多问题慢慢显露出来。第一，学生的水平参差不齐，有的学生刚从幼儿园毕业，根本不识字，有的学生即将步入高中或正在上高中，他们学业繁忙，暑假作业也很多，对我们开展的一些课程不太感兴趣，这让我们颇为尴尬。为此，我们总结了经验：要坚持原则，招生时严格把关，不收低年级或高年级的学生。第二，有的学生不认真听课，像手工课这种需要学生动手参与的课程，大部分学生的主动性和积极性都比较强，但像跆拳道这种户外课和历史故事这种知识性比较强的课程，积极参与的学生尤其少，这也让我们感到无奈。我们曾经想过尽量把课上得风趣一些，让他们参与进来，但没有什么成效，我们对此也感到很无奈。

支教苦吗？苦。支教有乐趣吗？有。纵然支教的日子很苦，但我们也会苦中作乐。比如，每天完成支教工作、傍晚回住宿的地方时，我们会搬小板凳围坐在一起，看星星，聊聊天，感觉格外惬意。值得一提的是，我们支教的地方绿化特别好，天特别蓝，晚上抬头望，天上都是星星，很多，也很亮，这是我在武汉或家乡都没有感受到的。支教时我们自己做饭，经过多次尝试，我发觉自己做的饭菜有可圈可点的地方，感到十分快乐和欣慰……支教中间有一天假，那一天我们集体出去爬山、散步，分外惬意；还有很多孩子特别乖巧懂事，他们会在放学后自觉留下来帮我们打扫卫生，会缠着我们让我们抱他们，会送给我们一些他们自己做的礼物，这让我们的心觉得暖暖的……

其实，在到教学点之前，我觉得支教特别有意义，我当时想，山区的孩子家里应该很困难，对外界接触很少，他们中的很多人可能是留守儿童，缺少关怀……但当我来时，我发觉自己想错了，他们的父母大多在家，他们和外界的接触也比我们想象的要多得多……我们想错了，因此我们有一阵子"疲惫期"，感觉自己来错了地方，支教没有太大意义。可真正开始支教后，我们才发现，支教真的非常有意义，我们带给了孩子以前从来没有体验过的经历。另外，对于我们自身来说，支教也是一种锻炼，培养了我们吃苦耐劳、做事细致的精神，也丰富了我们的阅历，如此，支教岂非没有意义？我没有后悔来支教，我认为我在支教过程中学到了很多，我有了一段宝贵的经历，我不虚此行。

第五节　守望相助　不忘初心

德国哲学家雅斯贝尔斯曾对教育的本质做了这样的阐述：教育意味着一棵树摇动另一棵树，一朵云推动另一朵云，一个灵魂唤醒另一个灵魂。

一棵树要有多高大，才能摇动另一棵树呢？一朵云需要多少努力，才能推动另一朵云呢？一个灵魂需要多少共情，才能唤醒另一个灵魂呢？没人能给出标准答案，但无论多久，无论有多少个灵魂被唤醒，所有努力都是值得的。一届又一届的支教队怀揣着对孩子的关爱和对教育的热忱，跨越山水，到麻江和巴东，进行着一场场深入人心的支教之旅，他们是孩子们眼中的大哥哥、大姐姐，是老师，更是守望者。他们守望两地，让大山里的孩子们可以拥有更多的视角去看世界。

一件事情做一次很简单，当这件简单的事情跨越时间，不断重复，就会变成一种信仰。怀揣着用爱去陪伴、回归教育本真的信仰，素质班人不忘初心，始终保持对支教的初心和对孩子们的爱心。他们坚信，每一个孩子都是一颗独特的明珠，只要给予关爱和陪伴，他们就能绽放出耀眼的光芒。在麻江和巴东的土地上，每年夏天，关于素质班支教队的故事都如期续写，守望贵州，相伴巴东，素质班支教队队员的身影一直都在。

守　望　贵　州

带着梦想与爱、阳光与希望，支教之路从梁祖德一个人的坚守变成素质班一群人的旅程，从申信小学到青山小学、小堡小学、共和小学、龙山小学、乐埠小学（见图1-9），从黔东南到鄂西北，从贵州支教队到巴东支教队，一个团队跨越14年光阴，跨越千里路途，只为做好一件事：带着爱和智慧，去支教！他们用行动和真诚告诉孩子们，这个世界在爱他们。一朵云推动另一朵云，是的，每一位支教队队员就是那朵被素质班推动的云，也成为推动孩子的一朵云，更令人感动的是，这些孩子又何尝不是推动支教队队员的云？

图1-9 素质班在贵州省麻江县支教的六所小学

贵州省麻江县第十届支教队队员胡羿清晰地记得,为期21天的支教活动结束时,孩子们的变化让他感到惊喜。结业仪式上,他带的20个孩子,有12个自发报名参加报纸时装秀(见图1-10)。他们穿上了用报纸制作的时装,昂首挺胸,跟着音乐节奏迈开大步,一个个显得自信而阳光。在孩子们身上,胡羿也更加深刻地理解了自己所参与的素质教育实践的力量,他说:"我们所坚持的素质教育，首先是在孩子们的心里点亮一束光，让他们燃起真正的自信和对美好生活的向往。"

图 1-10　孩子们参加报纸时装秀

素质班支教队的长期探索和坚守，为孩子们带来了别样的体验。植物课上，他们带孩子们去观察花花草草，让他们领略大千世界的自然之美；体育课上，他们陪着孩子们一起做游戏，让他们感受运动的激情；历史课上，孩子们围坐在一起，听他们讲过去的故事，感受历史变迁；手工课上，孩子们放飞想象，折叠、剪裁出形象各异、个性十足的作品；模特课上，他们鼓励孩子们迈出第一步，感受自信与快乐。为了引导孩子们合理消费，队员们操办起了拍卖会。让队员们意外的是，孩子们沉浸其中，积极参与。他们轮流扮演拍卖师，讲解、竞拍流程张罗得有模有样（见图1-11）。

图1-11　拍卖会现场

现在回头看，从最初到贵州省支教，素质班人就有长期计划。在第一届贵州支教队结业典礼上，梁祖德就曾说过："每个人的力量都是有限的。我们这支暑期支教队为期三周的支教工作，对于这些求学路上的孩子们来说是杯水车薪，对于他们成绩的提高更是微不足道，他们需要的太多，而我们能给予的太少。但是，如果我们一年又一年地将这个活动接力下去，不懈地贯彻素质教育的理念，把关于外面世界的故事讲给这里的孩子们听，我们便可以影响他们。这次活动的顺利进行，能够为我们以后在麻江县建立支教基地打下基础，提供宝贵的经验。我期待孩子们能够喜欢我们这个团队，真正地敞开心扉，变得自信起来，变得善于沟通。"第二届支教队队员徐冰说："支教的三周时间里，我们做到了贯彻'梦、爱、感恩'的理念，也许一次支教带给孩子的不会很多，但我们还有第三届、第四届、第五届……我们都相信支教活动每年都会如期开展，相信'改变一所学校，影响一批人'这个目标一定可以实现。"坚持一直做下去，已经成为素质班人的目标和信念。

"2012年5月，我在学校参加贵州省支教队的海选；6月25日，我被正式确立为素质班第三届贵州队的成员；7月4日，我开始参加集训备课；7月12日，我抵达贵州省麻江县青山小学；7月14日，我在青山小学上了第一堂课；8月8日，我结束支教，回到武汉。"上面这段"流水账"来自第三届支教队队员何文静的支教日志，简单的话语道出了每一届支教队队员相同的回忆。14年来，不同的人，在不同的时间，都有着相同的信念，这是一届又一届支教队的坚持与守望。当年埋下的种子，在一届又一届支教队队员的浇灌下，在贵州省的山间茁壮成长。

相伴巴东

巴东县清太坪镇姜家湾是一片被岁月雕刻的土地。从2017年到2023年，对于支教队而言，是从第一届到第六届，是每年夏天收拾行囊从武汉到巴东；对姜家湾的孩子们来说，这段时光是谭倩从小学到高中，是谭福欢从懵懂的孩童到青涩少年，是谭戌艳从暑期夏令营的营员到参与支教的小老师。

巴东县清太坪镇姜家湾是一个充满故事与希望的地方。自第一届支教队踏上这片土地起，一段段温暖人心的陪伴之旅在这里上演。从第一届支教队到第六届支教队，素质班人的脚步从未停歇，他们用爱心与智慧，为孩子们点亮了温暖的灯，照亮了前行的路。在课堂上，他们耐心讲解，悉心指导，让孩子们感受到了知识的魅力；在课余时间，他们与孩子们一起做游戏、聊天，成为孩子们最亲密的伙伴。支教队的到来，成为姜家湾孩子和家长们的共同期盼。

时光匆匆而过，每一届支教队都留下了独特的印记。有的队员擅长弹奏乐器，带孩子们体验美妙的旋律；有的队员擅长绘画，用色彩点缀孩子们的世界；有的队员擅长运动，带孩子们在运动中感受快乐和力量。他们的陪伴滋养了孩子们的心灵，使孩子们在成长的路上不再孤单。

2023年7月,第六届巴东支教队按计划从武汉出发,并平安归来。2023年8月,支教队再次前往巴东县,是为了协助完成纪录片《大学之道》第二季第二集《奔跑的青春》的拍摄工作。素质班支教14年,他们的支教故事第一次被专业摄影团队的镜头记录下来。

素质班的支教,不仅仅是纪录片里的故事,而是持续进行的教育实践。一届又一届的素质班支教队队员们秉承善念,不辞辛劳,做孩子们的微光。如果说每一次相遇都是命中注定的偶然,那就让我们期待下一次美好的相遇吧!

一个善念,点亮心灯;聚集微光,能成火炬!

第二章

蜕变之路：支教队队员的自我成长和改变

支教是一场关于爱与希望的旅程，支教队的每一位队员都是这趟旅程中的守护者，也是受益者。远山在召唤，勇气被唤起，队员们奔赴远方。他们带着爱和希望而去，带着收获和成长而归。每一次与孩子们的真诚对话，每一次对教育本质的深刻思考，都悄然塑造着一个又一个鲜活的灵魂。这趟旅程让他们在实践中收获成长。

通过了解支教队队员的支教经历，我们能走进他们的内心世界，跟着他们的脚步去感受爱与希望的火炬如何传递，去感悟心灵的洗礼与蜕变，去见证他们在陪伴孩子们的过程中经历的一次次心灵觉醒。

第一节　远山在召唤

与其他大学生支教团队的支教活动不同的是，素质班的支教活动是一次完全自愿的公益行动。素质班募集到的所有资金都直接用于满足课堂教学的实际需求以及对经济困难学生的资助，而志愿者们本身则需自费参与。此项活动并不会为志愿者带来诸如学校综合测评成绩加分、保研加分和选调生考试加分等看似更加有实际意义的收益。那么，究竟是什么动力驱使着志愿者们离开生活便捷舒适的城市，来到偏远山区的教室？他们在那些被群山环抱的村落中，又在寻找着怎样的意义与价值？

有的志愿者是为了坚持热爱公益事业的初衷，将温暖带给那些充满渴望的孩子。

2004年"感动中国"年度人物徐本禹曾说："我愿做一滴水，我知道我很微小，但当爱的阳光照射到我身上的时候，我愿毫无保留地反射给别人。"① 郭彦是第三届素质班的班长，在听到梁祖德在贵州做志愿者的经历后，她对贵州山区落后的教育条件感到震惊——即使在全社会都在关注义务教育的情况下，这里的孩子们仍然被笼罩在辍学的阴影里，他们的求学之路充满坎坷。她心疼这些孩子从小就缺少城市孩子习以为常的舒适生活，心疼这些孩子的成长之路充满艰辛和孤独。素质班倡导"面向生活、面向实践"的教育理念。身为素质班成员的郭彦也是素质教育的受益者，在个人成长的道路上，她逐渐有了对社会的责任感与使命感。听到梁祖德口中遥远山区的故事后，她意识到她有能力，也有责任为这些孩子们做些什么。她在日志中写下这样一段话："作为一个大学生，我们有责任帮助那些山区的孩子们，我们要尽自己最大的努力去促成一些改变……我希望能通过自己的真诚和努力，为孩子打开瞭望世界的窗口，为孩子的梦想插上爱的翅膀。"

于是，当2010年第一届贵州省支教活动在第三届素质班的倡议下正式启动时，作为班长的郭彦，亲身来到那片遥远而陌生的土地。她决心加入这场

---

① 参见《有一种青春叫奉献》(http://edu.people.com.cn/n/2014/0624/c1006-25189880.html)。

有机会改变山区孩子未来的征程，向着那些需要帮助的孩子们勇敢地迈出了第一步。虽然一个人的力量，甚至一个团队的力量是有限的，但是她相信，只要支教活动能一年又一年坚持下去，队员们不懈地传播素质教育的理念，把外面世界的故事讲给这里的孩子们听，他们就能在不知不觉中激发孩子们对未来的期待，从而影响他们、帮助他们。

有的志愿者怀着对于素质教育的信念，渴望用真诚和智慧去践行素质教育的真谛。

为何大山的苍翠和巍峨没有让孩子们的心胸更开阔，反而导致大部分孩子性格内敛？艰难的求学之路到底是在激励孩子们走出大山，还是在摧毁他们曾经的梦想？

家访回来后，游学超仰望着那一片繁星点点的夜空，内心久久不能平静。这些问题始终在他的脑海中浮现。他不禁想起自己选择参加支教活动的初心——他许下心愿，要帮助孩子们拥有更多的勇气去憧憬美好的未来，通过自己的带动让他们明白自身的优势并充满自信，通过自己的陪伴让他们学会更好地表达自己的想法，通过教育实践把素质班的这份爱与希望传递给他们。

在整个支教队中，游学超也许不是经验最丰富的那一个，也不是能力最突出的那一个，但却是最用心准备的那一个。当大家开始讨论课程内容时，有人提出要上文艺课，有人提出要上趣味作文课，有人提出要开设社会科学和安全常识课程，游学超则决心开设军训和素质拓展课程。在他看来，如果说教育资源和经济条件是山区在短时间内无法改变的客观事实，那么意志和精神则能帮助孩子们走出大山。

在课堂上，游学超非常严肃地教孩子们站军姿，练习稍息、齐步走、正步走等基础动作，严格地矫正他们的姿势，也会教他们唱军歌《团结就是力量》《咱当兵的人》，带他们做各种有趣的素质拓展游戏。对于支教，他心存敬畏，担心自己做得不够好。他渴望在孩子们的眼中树立起威严的形象，教导他们遵守纪律。在课余时间，他和孩子们开心地做游戏，成为孩子们的良师益友。

游学超真诚的付出让这些担忧显得多余，事实上，孩子们非常喜欢他。

有一个周末，学生们提前放假回家了。一大早，游学超就听见有人在校门口大声喊："小游老师，小游老师。"游学超走过去，一个孩子把藏在身后的一个大袋子塞给他，那是这个孩子一大早从自家树上摘的新鲜李子。

在支教总结里，游学超写道："这是一片美丽而神奇的土地，我们有理由相信在这片土地上会绽放出许多奇迹之花。"他相信教育的力量，相信自己用心浇灌的幼苗可以茁壮成长，绽放出美丽的奇迹之花。他是第一届贵州省支教队队员，后来，他又毅然决然地作为第二届支教队队长，再次奔赴那个曾经洒下汗水的地方。

在麻江县的连绵群山和巴东县的蜿蜒河流之间，素质班的支教志愿者们已经走过了14年的风雨历程。十届支教队在麻江县支教，六届支教队在巴东县支教，他们的队伍中汇聚了214位满怀热忱的志愿者。尽管每位志愿者的初衷也许并不一样，但他们都怀揣着对广袤乡村和孩子们的深沉爱意。这份爱意，如同夜空中最亮的星，指引着他们穿越千山万水，走向那些偏远的村落，走向那些充满期待的孩子们。

在他们的眼中，山不再是阻碍，而是孩子们渴望知识的呼唤，是乡村教育事业的期盼。支教是他们对这份呼唤的回应。

为什么素质班人要年复一年，自发且无偿地前往偏远的山区支教？素质班宋健老师的一句话可以作为答案："不是我们向山而去，而是远山在呼唤着我们。"

第二节　为梦想积蓄力量

梦想很美好，然而付诸行动却并不简单。

支教是一项旨在将知识和希望带给偏远地区孩子们的崇高事业。然而，这一行为也引发了一些争议，一个主要原因是人们对大学生是否具备足够的能力去承担起这一责任充满怀疑。

首先，教学能力是一个重要考量。大学生虽然在学习上可能有所成就，但往往没有受过专业的培训，也缺乏实践经验。教学不仅涉及知识的传递，而且涉及如何有效地沟通、如何激发学生的兴趣、如何管理课堂等多方面的技能。这些技能通常需要大学生通过系统的学习和实践才能获得。

其次，文化适应能力也是一个挑战。支教点的文化背景与大学生自身的成长环境通常差异较大。快速适应当地文化，与当地群众建立良好的关系，对于年轻的大学生来说是一个不小的考验。

最后，身体和心理承受能力同样关键。支教点的环境往往较为艰苦，大学生可能会遇到语言障碍、生活不便、教育资源匮乏等问题，这些都可能对大学生造成心理压力。如何在这样的环境中保持积极的心态，不仅对自己负责，而且对孩子们负责，是大学生必须思考的问题。

以上这些，既是引发社会争议的关注点，也是不能回避的客观事实。因此，在素质班支教队的筹备过程中，大家面临的压力是显而易见的。这些压力不仅源自大家对即将承担的责任的认识，而且源自大家对自身能力的担忧。毕竟，支教不是轻松惬意的旅行，而是一项充满挑战的社会实践活动，需要团队成员在各方面做好准备。仅仅拥有美好的愿望和十足的勇气是不够的，一切都需要大家在筹备和执行过程中下足功夫。素质班人想用行动和效果让人们看到支教的意义。

在素质班人看来，出发前的所有准备尤为重要。志愿者选拔和支教队筹备是一个严谨而全面的过程，通常包括提交申请书、面试、体能训练和试讲等关键环节。对于志愿者来说，体能训练和试讲都是极具挑战性的。他们一次次奔跑在长约3.5千米的腾龙大道①，经历一次次的试讲、集体备课与教案修改，不断打磨教学内容，同时也不断提升教学能力。在这个过程中，他们的意志力伴随体能一起增强，团队意识伴随个人能力一起提升。

一个人最大的敌人不是别人，而是自己。在筹备与集训中，支教队队员对这句话的感触越来越深刻。

第一届支教队队员陈双双在日志里写道："支教队的筹备工作与期末考试几乎同步进行，这真是不小的挑战！在每一天的晚训里，为了提高身体素质，我们需要绕着腾龙大道至少跑一圈。身体素质不算很好的我，有无数次因为疲惫而想到放弃，但是看着大家都那么用力地向前奔跑，我最终还是坚持下来，一听到队歌响起，我就有了更多的勇气与动力。在一遍又一遍地修改课程计划的过程中，我曾有过何必这么认真的想法，可是一想到我不是为了自己，我的初心是实实在在地帮助孩子们，我就充满了干劲，马上全身心地沉浸在新一轮的备课中。"

在第一届贵州支教队成立时，素质班中并没有人参与过支教活动。了解到湖北经济学院的星火学社、萤火虫学社、吴天祥小组已经有了开展支教活动的经验，素质班人就虚心向他们请教，将这些社团的支教方案与教案规划一一整理出来作为参考。素质班人查阅了大量资料，尽可能了解山区教学现状和学生心理；反复商讨教案，尽可能将课程内容和教学方法打磨得更细致；系统学习调研方法，为支教期间的家访和社会调查做好准备。对于如何打造充满素质班特色的支教活动，素质班支教队一直在思考。

充分的准备为梦想插上了翅膀，让即将启程奔赴远方的素质班支教队信心满满。

巴东第六届支教队队员李玉林"神奇的植物"备课体会

"神奇的植物"是我们在支教点开设的系列课程。其实，第一节课效果并不好，我原本想着以最近几年非常受关注的多肉植物引入，激

---

① 腾龙大道环绕湖北经济学院校园一周。从空中俯瞰，它宛如腾飞的巨龙。

发孩子们学习的兴趣，可到真正上课时我才发现，多肉植物对于他们来说并不陌生，许多同学家里就种了多肉植物，并且他们种植的植物种类远比我想象的丰富。于是，这节课在大部分孩子的眼里就显得很无聊，有一个叫李琦瑄的孩子一直在问："老师，什么时候下课呀？"我有些哭笑不得，第一节课就这样草草地结束了。

　　选择这门课程是因为我对植物比较感兴趣，在家里光多肉植物就种了两三百盆，其他的植物，比如月季，数量也不少，在种植方面，我还是比较有经验的。另外一个原因，大概是完成我自己儿时未完成的事吧。小时候，我特别喜欢种一些看起来奇奇怪怪的花草，可一直种不活，到了初中，我才慢慢摸索出经验。我想着，要是自己小时候能种活一棵树或者一株花，让它陪着自己长大，那一定很不错，所以我非常想让孩子们也试试种一棵植物。最后一个原因，是我想让孩子们更深入地了解自己的家乡。

　　真正开始上课了，我才知道现实和想象差距有多大，我支教前的所有幻想都被打破，自己的授课方式并不适合孩子，课程内容也需要调整。刚开始，我真的很苦恼，不知道从哪里下手。我能做的是先和孩子们拉近关系，和他们聊天，了解他们内心的想法。果然，好奇心是孩子们最好的老师，很多孩子都说想去外面走一走、看一看，这也刚好和我之前的想法吻合。可是，我到巴东也才几天，需要花费一些时间，才能认识教学点周围经常出现的植物。所以，我就和孩子们说，我们要先学好书本上的知识，等知识积累到了一定程度，我们再到户外。很多孩子有了动力，他们认真听课，后来的情况也证实了，这样的课程安排效果还不错。

　　说实话，备课还是很不容易的，刚开始，我总在学校外面的花坛观察，摘各种叶子和花，把它们作为标本粘贴在笔记本里，并且在上面标注了它们的特性。有了这一番准备，我才敢带孩子们出去，在确保安全的前提下开展户外实践，为了这个，我还特地邀请其他老师来维护秩序。

在授课方式上，我积极向其他老师学习，在听课的过程中学习其他老师的授课方式，以及他们和学生交流的方式。有一次，我在备课的时候，无意间看到关于"杂交水稻之父"袁隆平的视频。我突发奇想，杂交水稻也是植物，又和我们每个人息息相关，所以我用了两节课来讲袁隆平和杂交水稻的故事。对，就是讲故事，孩子们很喜欢听故事，能记清楚故事中的关键知识点。这是我上过的最有意义的两节课了，孩子们都说，他们要学习袁隆平辛勤耕耘、任劳任怨、永不放弃的精神。

在课程计划里，我还安排了一节课，为孩子们讲解当地主要的经济作物和当地的经济结构，教学难点是用通俗易懂的句子和贴近生活的例子来进行讲解。在课后的走访调研中，我逐渐了解这个小山村，当地的经济作物主要是一些蔬果，多用于自给自足，有玉米，主要用来喂猪，还有辣椒，用来出售。当地有一个特殊产业，那就是烟草种植，当地有一条较为成熟的产业链，有烟草局直接收购烟叶，农户不用担心销路。最主要的经济作物便是银杏树了，当地银杏树的占地面积非常大，这主要得益于前些年国家实施的退耕还林政策。人们会采集银杏树的叶子，因为叶子可以入药，所以我和其他支教老师总能看见路边叶子被摘光的银杏树。在讲授这些知识的时候，我还顺便为孩子们讲了植树造林的好处。

有一个叫黄文博的孩子令我印象深刻。刚开始，我在自然科学课上对他有了初步印象，对于其他孩子基本不了解的海洋生物，他都能说出名字。那时候，我对他印象还挺好的。后面，他就对课程产生了抗拒心理，我的植物课也不例外。他一上课就在忙自己的事情，根本不听课，我怎么说他都不听，一来二去，我就有些苦恼了。后来，我向其他孩子打听他的家庭情况，才知道他的爸爸对他特别严厉，经常督促他写作业，有时候作业写得不好，爸爸还会打他。黄文博也很怕爸爸，不喜欢和爸爸交流，父子俩就这样僵着。黄文博之所以报名来支教点上课，是因为对他来说这里是一个休息的地方，而不是继续写作业的地方。有一次，我在其他老师的课程上旁听，发现他又不听课了，我就试着坐到他的身旁，小声地和他交流，就这样一点点打开他的心扉。我可以看出他对很多事物充满了好奇心，只不过对于知识的好奇心已经被爸爸严厉的管教消磨殆尽。我悉心开导他，用"拉钩上吊，一百年不许变"这个约定来帮助他改掉了一些坏习惯。其实，支教结束后，我最担心的就是他了，不知道他和爸爸交流得怎么样，也不知道他敢不敢把自己内心的想法告诉爸爸，能不能彻底改掉坏习惯。我离开巴东时，最后看到的学生就是他了。我还记得，和他挥手道别的时候，他笑得无比开心。我真的希望他能一直这么开心下去。

第三节　在实践中收获成长

支教队如何在多维度的实践中，不断探索、适应和成长？

素质班的支教没有采用固定的教学模式。在这里，创造力与希望一起蓬勃生长。在往届队员的带领下，新一届队员开启一段新的旅程；在内心活力的激发下，素质班人在实践中收获成长。他们融入当地生活，体验自己以前从未了解过的乡村生活；他们与孩子们互动，学会了感恩与珍惜；他们感受到了物质匮乏带来的挑战，也发现了简朴生活中的纯粹与美好……在实践中，他们书写属于自己的成长篇章。

一群人才能走得更远

在追求目标的道路上，个体的力量非常有限，团队的合作能充分挖掘每个人的潜能，引领每个人走得更远。团队，不仅是一群志同道合者的集合，而且是一个充满活力、相互支持的共同体，是每个成员成长道路上的重要推动力。

素质班支教队的队员们始终坚信，一个人可以走得很快，但是一群人才能走得更远。

学会集体生活与团结合作，对于素质班支教队队员们而言，不是口号，而是一种深刻的实践。自进入山区的那一刻起，这便成了他们实践的基石，一种他们时刻都在身体力行的生活方式。联络学校，用心沟通，用诚意打动学校负责人；开展招生工作，为家长和孩子们耐心讲解，用热情感染他们；在日常生活中自力更生，用智慧解决问题……每一项任务，都是对他们个人能力的考验，也是对团队协作能力的考验。

素质班支教队内部的团结合作是支教顺利进行的基础。这就要求置身于支教队的每一名队员都能够发挥自己的特长，相互之间紧密合作，在团队中成长。

在团队中成长，意味着队员们要学会承担责任。他们在这里不仅要学会独立完成任务，而且要学会在团队中找准定位，为实现共同的目标贡献自己的力量。

"团队"这一概念，已经深植于素质班支教队队员的文化基因之中。每一个人都有各自的脾性，也都不是完美的，但是支教队队员们都相信团队的力量，也都愿意包容别人的缺点。因此，当不同的人汇聚在一起，他们的优势会变得更加突出，也能相互弥补缺点和不足，大家团结协作，形成更加强大和谐的整体。

在团队的交流碰撞中，支教队队员可能会认识到自己的不足。一个优秀的团队会包容每一个不完美的个体。在一个有着包容氛围的团队中，个体其实也就有了持续进步的动力。就像第四届贵州支教队的李金蓉，一开始总觉得自己做得不够好，然而，面对团队的鼓励和包容，她逐渐找到了属于自己的位置，也拥有了向上的力量。她在日志里这样写道：

> 我知道自己本来就不优秀，不够勇敢，不够洒脱，不够认真，不够主动，依赖性过强，太感性，没有办好一件事情的决心，没有足够强的执行力，所以我喜欢拖延，效率低。我也知道自己还有其他问题，只是我尚未发现这些问题，但我相信自己在未来的日子里会慢慢剖析自己，也会果敢地面对自己的问题。有时候，我也会害怕，觉得自己的问题太多了，觉得和队友们相比自己表现太差了，会拖累他们。
>
> 可是，当大家一遍又一遍地说"我们是一个团队时"，我知道自己想多了。认识自己，本身就是一个痛苦的过程，但也只有全面地认识自己，我才知道自己的方向在哪里，自己还需要怎样做才能得到改变。在支教的日子里，我把笔记本电脑的桌面换成了一张面向太阳的向日葵图片，不知道为什么，看着这幅图，我就觉得心情舒畅，就像阳光洒在心间一样。我希望自己也能像向日葵一样，面向太阳去微笑。

就是因为李金蓉知道自己某些地方远远不如队友，而队友又愿意包容她，给她鼓励，所以她才下定心坚持支教，做更好的自己。优秀的团队总是拥有让每个人都成为更好的自己的魔力。

要融入团队，个体并不需要一味地追求个人表现，而是要学会倾听、理解和支持。李金蓉学会了在团队中发挥自己的长处，同时也不忘欣赏队友身上的闪光点。她将这种方法称为"放低一点、放后一点"，她在日志中描述了自己的感悟：

"把自己放低一点"是一种先人后己的态度，和孔子"己所不欲，勿施于人"中强调的将心比心有些类似。以前，我把自己看得太重了，所以总是在意自己做对了什么或做错了什么，不断怀疑自己。后来，在每天的早会和晚会中，我听着队友们介绍各自一天的生活，听着他们分享各自的感悟，我才知道自己总徘徊不前，就是因为把自己放得太高，导致我总是忽略身边的人。如果这样的话，我和其他人就始终只能是互不相交的平行线，而我需要改变的就是把自己放低一点，和大家并肩前行，多去看看别人是怎么做的，多去想想自己有哪些方面还需要和他们多交流、向他们多学习。有了这样的想法，我慢慢发现所有的问题不再是问题，所有的矛盾也都能轻松得到处理，我需要和队友们多多交流，在发现问题的时候也换个角度，站在他们的立场为他们考虑。就像我和陶子搭档带三年级的孩子，我是班主任，他是教官，一开始我不明白陶子为什么没有经常陪孩子们玩，自己武断地认为他不用心。后来我才明白，不是陪孩子们玩耍才叫关爱，陶子也很爱这些孩子，只不过他故意表现得严厉些。后来想想，我觉得自己也很好笑，因为没有和队友及时沟通导致自己胡思乱想，还疏远了队友，我这样做真是太得不偿失了。

"把自己放后一点"是我在调研和后勤工作中感受到的。每次调研的时候，我只要回头看，总会发现有几个男生队友一直在后面默默守护着我们。我一开始以为他们是因为太累了，走不动了，后来，当他们跑到前面把我们女生手里的包拿过去背在自己身上时，我才知道，不是他们累了，而是他们在后面方便保护我们的安全。每次吃饭的时候，当我从队友们手上拿到碗筷时，发现当天值日的后勤组成员总是最后拿起碗筷，他们做完饭后，没有自己先吃，而是很耐心地等大家都到齐后才宣布吃饭，在我们都开始吃的时候，他们还在忙着为大家盛饭。后勤组成员每天都是最后坐下来吃饭的人。把自己放后一点，不是什么都推卸或者谦让，而是多为别人考虑，先替别人考虑。和孩子们在一起也是，我们把自己放后一些，不是考虑我们能教给他们多少知识，而是考虑他们能接受多少知识；不是在意我们能带他们学到什么，而是我们能不能让他们学得快乐；不是他们把心交给我们，而是我们把心交给他们。

"把自己放低一点"，和队友们并肩前行，多看、多学、多体会；"把自己放后一点"，或许就是退后的那一步，却让自己前进了一大步。这就是一种态度，先人后己，彼此信任。

通过与队友的交流与合作，我们能够更清晰地认识到自己的优势和不足，从而在实践中不断调整和完善自己。在团队中，我们学会了从他人的经验中汲取养分，从团队的成功与失败中得到经验和教训，从而实现自我成长和提升。

山村里的社会实践大课堂

支教是什么？对于支教队队员来说，是关于知识与教育的追梦之旅，是团队合作的成长旅程，也是一堂深刻的山村生活实践课。大学生们走出熟悉的校园，进入遥远而陌生的村庄，开始一段与众不同的生活体验和自我成长之旅。

麻江县位于群山环抱之中。这里的天空，时而晴朗明媚，时而云雾缭绕，这是大自然为这片土地遮上的神秘而美丽的面纱。第一届贵州支教队队员彭良玉曾在日志中写道：

山，已成为黔东南最重要的形象，神奇的喀斯特地貌造就了这些奇特的山，它们独立成座，却又连绵不断，陡峭的坡度彰显着其魅力与庄严。晴天，蔚蓝色的天空与油绿的高山相映成趣，山的雄伟配上天的辽阔，那是一幅壮丽而多彩的风景画；雨后，朦胧的薄雾萦绕在山的顶端，宛如仙境，此时，我多想变成仙子，在雾中腾云归去。每天，当夜晚悄悄来临的时候，月亮或是从山腰偷偷探出自己的脑袋，或是悬挂在山顶，好一幅宁静的夜景啊！

这里海拔较高，紫外线非常强烈。队员们在支教的同时，还需要开展社会调研，支教结束后，所有人都晒黑了。有队员后来说起了父母心疼自己的话："难得一个暑假，本可以在家好好休息，你却要不远千里到贵州去支教，人都黑了、瘦了！"

山区小学的条件自然没有家中优越，更何况支教队去的是村级小学，那里位置偏僻，队员们先要坐客车到县城，再坐三轮车，最后步行几公里才能抵达目的地。有的小学条件比较差，队员们只能睡在拼在一起的课桌上。然而，人的成长不就在于突破舒适圈吗？只有面对崭新的挑战，我们才能发现自己的潜力，变得更加坚强。对于支教队队员来说，选择去往条件艰苦的村级小学，正是一次突破自我的勇敢尝试。而这样充满意义的人生经历，它的影响将会伴随他们一生。

支教队队员们大多是在城市里长大的，大部分人家庭条件比较优渥。艰苦的支教生活对他们而言，是一个极大的挑战。而他们用自己的行动证明："我们没吃过这样的苦，但我们吃得起苦！"

素质班第一、二届支教队在麻江县杏山镇的申信小学开展支教活动。这所小学建在山上，周围都是农田。那里的生活对于每个队员来说都是一种从没有过的体验。吃饭、睡觉、上厕所、洗衣服，这些平时看似简单的生活行为，到了这里都成为需要克服的障碍。

首先是吃饭问题。队员们住在农村，蔬菜可以自给自足，不用买菜倒是很便利。但同时，这里没有一个像样的店铺，唯一有的就是一个可以买到鸡蛋和冰棍的小卖部。队员们轮班做饭（见图2-1），一日三餐早起晚睡，还得学会用农村的大土灶烧柴火。

图2-1 队员们轮班做饭

在第一届贵州支教队的团队日志中,有这样几段话:

> 我们买不到现成的饭菜,只能隔几天坐一次每天只有两趟的公交车去镇上买菜。
>
> 因为没有冰箱,我们就只能买一些像粉丝、茄子、土豆、黄瓜这样易于存放的菜。买得最多的菜是土豆。在这里的大半个月,我们把土豆泥、土豆丝、土豆片、蒸土豆、煮土豆、炒土豆、炸土豆等土豆的各种吃法都尝试了一遍。
>
> 我们没有其他零食,每天放学,去小卖部买根冰棍吃,这就是一天里最轻松、最幸福的时刻。为了让大家的生活有条不紊、井然有序,我们像排课表一样,把每天做饭、洗碗的时间和名单都列了出来。

睡觉也要面临不少麻烦。在农村,这里没有霓虹灯,村子里的人也睡得早,一到晚上,这里就漆黑一片,只剩满天繁星在夜幕中眨巴眼睛。这里也不像城市里的小区有保安巡逻。申信小学的校门比较矮,队员们因为没有单独睡觉的房间,只能住在教学楼的空教室里,把几张桌子拼起来就是一张床,所以安全方面面临很大的隐患。支教队想的办法是,每到天黑,每个人就必须带上手电筒和哨子,以备不测。教学楼的厕所离得比较远,所以女生晚上去厕所时都要有男生陪同,不允许单独行动。

在第八届贵州支教队队员王林燕看来,"印象最深的就是早上跑步的时候,忽然听到了鸡叫,再想想每天睡觉的时间,我就想到了一句话,'起得比鸡早'。这里没有洗衣机,我们洗衣服、做饭的时候,还经常遭遇停水。就是这种艰苦的环境,让我经历了不一样的生活,也是一种累并快乐着的体验"。

当然,队员们也有苦中作乐的欢乐时光。王林燕曾写道:"每天晚上洗完了澡,我们就三三两两搬着小板凳,去天台看星星、聊天,微风吹着,很是惬意。刚来的时候,因为气候与饮食方面的不适应,几乎每个人都上火;因为每天长时间的教学,我们都必须靠润喉片来保护嗓子,但从来没有人为此而抱怨过,也正是在这种劳累的生活中,我们体会到了做老师的不易,想要将支教工作做得更好。"

生活的艰苦,在于适应新环境的不易,在于与习惯的生活方式断裂的痛苦,在于面对未知和不确定性的恐惧。然而,在这些苦楚中,支教队队员们也发现了生活中甜蜜的一面:与孩子们充满爱心的相遇,与队友们共同克服困难的团结,与自然和谐共处的宁静,以及在帮助他人中实现自我价值的满足。

生活的苦与甜,远非单一的尺度所能衡量,它们如同一道精心烹制的佳肴,其真正的风味在于复杂而丰富的层次。纯粹的甜蜜固然令人欣喜,但那些交织着挑战与成就感的时刻,才是让人回味无穷的真正滋味。当队员们进入广袤的山区,他们所经历的,不仅是一次简单的付出,而是一场触及灵魂的探索。

在这片土地上,他们的情感得到了磨砺,经历变得丰富多彩,价值观被重新审视和塑造。每一次与孩子们的深入交流,每一次在困难中的坚持与突破,每一次在自然环境中的沉思与领悟,都让他们对生活有了更加深刻的理解。这种理解不是短暂的,而是会在他们的心中生根发芽,随着时间的推移,逐渐开花结果,影响着他们未来的选择和人生的方向。

贵州支教队队员日志(节选)

去贵州之前,很多人都以为生活会很苦,其实,那段时间我是最开心的。悲欢离合，每一刻的感受都是最真实的：不知道和燕妈一起多少次沐浴月光；不知道和文静这么有缘分的朋友聊过多少，我们看起来是完全不同类型的人，却恰恰能在某一时刻一拍即合；毛毛性格和善，但是显得有点笨拙；斌哥快被我们"虐"惨了；董同学呢，我跟他交集倒是不少，但一直感觉我们之间有隔阂，不过我相信我们以后会磨合得很好；我的孩子们——三年级的、四年级的、五年级的，从初见你们，到和你们分开，再到暑假结束你们给我们打电话，我的内心发生了很多变化，你们带给了我更多思考；王校长、三娘、轩轩和果果带给了我很多快乐。特别是果果，一看见她，我的心情就无比好。三娘和王校长更是待我们如自己的孩子一样。

——第三届贵州支教队队员唐萌

支教结束，回首在这里的点点滴滴，我知道我们所有人都践行了那句话："能享受最好的，也能承受最差的。"这些记忆会成为日后我们每个人永远的惦念。这一路，是一群人的态度和坚守成就了一群人的幸福和归属！

——第七届贵州支教队队员龚艳

第四节　在教育中认识教育

前往山区支教的志愿者们，心中大抵都怀揣着一个教师梦，这个梦想也许源于儿时对老师的崇拜和尊敬。他们梦想着有一天能够像自己曾经的老师那样，站在教室里，自信地指导学生们学习。

然而，当他们真正踏上支教的旅程，开始站在讲台上授课时，他们会发现教师这个角色远比想象中的要复杂和丰富。教师是人类灵魂的工程师，是人类文明的传承者，承载着传播知识、传播思想、传播真理、塑造灵魂、塑造生命、塑造新人的时代重任。他们不仅需要为学生教授课本上的知识，而且需要激发学生的兴趣，培养他们独立思考的能力和创造能力，帮助他们形成正确的价值观和人生观。

在支教的过程中，志愿者们也逐渐认识到，教师的影响力不止在课堂上。他们的一言一行，都可能对学生产生深远的影响。志愿者们逐渐意识到，教师的职责不仅是让学生们掌握知识，而且是引导他们去发现、去探索、去质疑，最终成为独立思考的个体。

支教是一种深刻的教育体验，它让志愿者们在实践中认识到教育的多维价值，从而更加深刻地了解教育、理解教育，并尊重教育，最终实现在教育中认识教育，在教育中成长。

家访：走进孩子们的生活

素质班人对教育的探索从未停止。什么是教育？什么是素质教育？教育的目的是什么？这些问题常常在素质班人的口中出现，在他们的笔尖频频跳跃，成为他们无比关切和共同探讨的核心话题。

素质班人认为，教育并不是纯粹的理论知识的单向传递，而是一场涉及心灵、情感和智慧的双向交流。教育是对生活实际需求的深刻响应，是对孩子们在成长道路上的引导和支持。因此，缺乏对教育场景的深入体验，缺乏对教育者和被教育者角色的深刻理解，任何关于教育理念和方式的讨论都可能成为无源之水、无本之木，难以触及教育的真谛。

在素质班这样一个充满活力和探索精神的集体中，素质班人从自己作为学习主体的视角出发，对教育的意义和方式进行着深入的思考和探讨。然而，当背起行囊，加入支教队伍，走进遥远的山村，面对那些纯真而渴望知识的孩子们时，素质班人成为肩负责任和使命的老师。这种角色的转换，既是一种新鲜的体验，也是一次宝贵的成长机会，素质班人开始以一种全新的视角去理解和感受教育。

姚慧是第二届贵州支教队的英语老师。来到贵州的第九天，在经历了一段时间紧张的课堂教学之后，姚慧迎来了支教过程中的第一次家访任务。在素质班的支教过程中，家访是一项特别重要的工作。支教队队员会在放学之后直接走进学生的家中，了解学生的家庭背景、生活环境和社会关系，以便进行有针对性的教学。

麻江县杏山镇的村民大多数是畲族，村里的家长大多是不懂汉语的爷爷奶奶，支教队队员无法和他们正常沟通。好在孩子们都很热情，带着支教队队员一起翻山越岭，却从不说一个"累"字，他们还很乐意为队员们当向导、做翻译。

这次承担向导和翻译工作的是当地的大学生王玉华。在家访那天，她一早就来到了学校，还为大家准备了小礼物——可爱的小熊手机挂饰。收拾好东西，姚慧和其他队员带着对即将到来的家访的期待和紧张，踏上了通往孩子们家的山路（见图2-2）。

一路上都是绿油油的稻田，由于长时间没有下雨，原来的水田都变成了旱地。大家看到的房子也一律是木屋瓦房，很少有楼房。脚下的小石子路非常崎岖，大家仿佛走在指压板上一样，走得快了，

图2-2 支教队队员穿过山路去家访

脚就会疼，所以一行人走得很慢。想着孩子们每天都穿着凉鞋，跋涉在这样的小路上，有的孩子甚至要翻三座山才能到学校，队员们不禁感叹，这儿的孩子仿佛有着一股不服输的劲儿，一股想学习的劲儿。

他们首先来到了王玉华的家，一间坐落在山腰上的木屋。屋内的陈设虽然简单，但透露出一种温馨和安宁的氛围。王玉华的妈妈用她那双布满老茧的手热情地和队员们握手。姚慧通过王玉华的翻译了解到，王玉华的爸爸外出务工，家中的经济状况并不乐观，但她的妈妈依然坚定地支持孩子们的教育。这让姚慧深受感动，她看到了这个家庭对于教育的重视，也看到了孩子们对于改变命运的渴望。

接下来，他们穿过了翠绿的稻田，沿着田埂，来到了一位六年级男生王玉飞的家。姚慧对这个孩子很熟悉，在英语课上，王玉飞写单词、读句子都非常出色，只是他有时爱和其他孩子交头接耳。王玉飞的家是一间简朴的木屋，屋内陈设虽不奢华，但温馨而整洁。

王玉飞的妈妈热情好客，她用温暖的笑容迎接远道而来的客人们。尽管语言不通，但那份淳朴的善意是不需要翻译的。作为队伍中的本地人，王玉华用流利的家乡话和王玉飞的妈妈打招呼，两人的交流亲切而友好。这是第一次进行家访，姚慧和其他队员们起初都有些拘谨，不知道如何开启对话。不过面对友好的阿姨，他们逐渐放松心态，交流也变得顺畅起来。

在交谈中，姚慧得知王玉飞的爸爸为了家庭生计在外务工，王玉飞的姐姐刚刚完成中考。家庭原本在建的新房子也因为资金短缺而不得不停工。王玉飞的妈妈虽然没有读过太多书，但她对孩子们的教育充满了期望。她通过王玉华向支教队队员们表达了自己的心声：她希望能通过自己的努力，为孩子们创造更好的学习条件，只要他们愿意读书，她就会全力支持。王玉飞在家中也表现得十分懂事。由于爸爸常年在外，他会帮助妈妈分担家务，比如在干旱时负责为田间的庄稼浇水，但也因为要做农活，他有时无法按时到校上课。

在贵州的群山之间，队员们的脚步穿梭在乡间的小路上，每走一户人家，他们的心中就多了一分感慨。在这些学生家中，要么因为生计所迫，爸爸外出务工，要么因为遭遇不幸，爸爸或妈妈已经离世。这个发现让姚慧的心情异常沉重。

姚慧深知留守儿童的不易。这里的孩子大部分都是留守儿童，他们常年和爷爷奶奶住在一起，由于爷爷奶奶年事已高，在生活和学习上都没办法为他们提供指导，所以，无论遇到什么事情，他们大多只能默默地藏在心里，有问题也只能自己解决，他们早已习惯了独立。然而，爷爷奶奶何尝不想和孩子们沟通？在家访时，有几位爷爷奶奶告诉姚慧，每当他们看到孩子坐在那里发呆时，他们就很难受，因为孩子一定有很多话想要表达，可爷爷奶奶却帮不上忙。

姚慧意识到，这可能是孩子们普遍害羞的原因之一。没有父母的引导和教育，孩子们可能会失去一部分应有的勇气和胆识。对于那些爸爸妈妈都不在家，甚至没有爷爷奶奶照顾的孩子，姚慧更是感到困惑：他们如何独自生活，如何在这片大山中成长为心智健全的人？

六年级的赵祥虎给姚慧留下了深刻的印象。他不仅要独自在家，而且要自己做饭和洗衣服。这里位置偏僻，一旦发生意外情况，真的是求助无门。然而，赵祥虎的开朗和认真的态度，以及他在学习英语方面的天赋，让姚慧感到一丝欣慰。

然而，又有多少孩子能像赵祥虎一样保持乐观和开朗呢？恐怕非常少。姚慧意识到，作为老师，更有责任给他们关爱，让他们感受到自己不是一个没人疼、没人爱、没人照顾的孩子。家访结束后，姚慧在日志中这样写道："如果支教老师们教会他们如何去爱，包括爱自己、爱他人，同学之间相亲相爱，那不就可以弥补一些缺憾吗？孩子们不就可以更加快乐吗？我想更加努力地教书育人，让孩子们未来有能力建设自己的家乡，他们未来的生活一定会更美好。我坚信！"

家访快要结束的时候，还有一个温馨的小插曲。那时候，天空突然下起了小雨，支教队队员们都没有带伞。这时，一个四年级的小女孩拿着两把伞出现在他们面前，大家怕小女孩自己回家时没伞，就只拿了一把伞。那个小女孩却说："我这里还有一把啊！你们四个人需要两把伞才够。"小女孩的纯真让他们感到心头一暖，她似乎没有意识到自己也需要伞。虽然父母不在身边，但小小的她内心里充满了爱。

这次家访让姚慧和她的队友们看到了孩子们背后的家庭，了解了一些不为人知的故事。这里的孩子们面临着比她想象中更多的困难。有的孩子因为家庭经济困难而不得不辍学,有的孩子因为父母离世而变得孤僻,有的孩子因为缺乏关爱而变得自卑。每一次交谈,每一次倾听,都让姚慧和队友们的心灵受到了触动。

只有开展家访,队员们才真正理解家访的意义。每一个孩子都是家庭中的个体,只有了解其家庭,队员们才能更了解这些孩子。教育的对象就是一个个鲜活的生命。没有哪一个生命与生俱来就是完美的,对于这些处境艰难的孩子们,教育显得格外重要。然而,支教活动能给予的十分有限。于是,大家又回到如何定位短期支教教育理念的问题上来了。素质班支教队队员们最初的想法再次得以确认,那就是真诚的关爱与陪伴、生动的兴趣引导胜过有限的知识传输。

素质班在贵州省麻江县连续14年开展了支教活动,从小灵通时代走到智能手机和自媒体时代。在乡村振兴的背景下,他们能够明显察觉到农村的生活水平在快速提高。这里的孩子基本都有手机,也会看短视频、玩游戏,他们听的歌、跳的舞和城里的孩子几乎一样。但他们大多是留守儿童,缺乏的就是陪伴和关爱。

陪伴:心与心的交融

两颗心的距离有多远?孩子们为什么能够接纳支教队?队员们依靠什么获得孩子们的接纳和喜欢?

对此,李金蓉说:"在和他们相处的日子,我知道了,是他们的无邪,是他们的单纯,也是他们的懂事,让我们和他们的距离越来越近。简单的一句问候会让他们无比感动,一句关心的话会让他们难以忘怀,一个玩笑会让他们乐呵半天,一次敞开心扉的交流会让他们记忆深刻。"

李金蓉是第四届贵州支教队的成员,她从小就期待成为一位老师。在这次支教活动中,李金蓉担任的是三年级的班主任。当她走进三年级的教室,第一次站在讲台上时,她的心中充满了不安和紧张。她焦虑地思考着,该如何用合适的语言与孩子们交流,该采用怎样的方法与他们沟通,又该如何丰富课堂内容，使自己受孩子们喜欢。她思绪万千，不安与紧张的情绪交织着。然而，孩子们似乎并未察觉到她的不安和紧张。

李金蓉开始与孩子们交谈，那一双双清澈、明亮的大眼睛注视着她，孩子们都安静地听她说话。这一刻，她忘记了不安和紧张，对接下来21天和孩子们愉快相处充满信心。

然而，沉浸在这种充满期待和希望之中的她很快就被拉回现实。这种安静祥和的气氛仅仅持续了大约三分钟，孩子们的天性便暴露无遗。他们的活泼好动、对新老师的好奇以及对新环境的兴奋，让教室瞬间变得热闹起来，以至于李金蓉很难让他们安静下来。她在日记中这样描述当时的教学现场："我的话还没讲话，孩子们便接过话，甚至直接抢话，当你要求他们发言之前举手时，他们便齐刷刷地把手举得高高的；当你要求他们保持安静时，他们根本无法静心坐下来，有的孩子还离开了座位；当你刚转身在黑板上板书时，下面又马上炸开了锅。"

面对这些情况，李金蓉感到有些招架不住，忍不住皱起眉头。看见新老师有点生气了，孩子们便又咧开嘴冲着老师笑。看着孩子们天真的笑容，李金蓉被他们逗乐了，她的心里暖暖的，原有的焦虑也烟消云散。

山里的孩子仿佛是大自然的精灵，他们在山间、水里来去自如，然而这却让队员们提心吊胆。翱宇是李金蓉班上的一个孩子，在一次中午休息时，翱宇看到学校的树上停了几只小鸟，便萌生了抓鸟的想法。不料，他在尝试爬树时不慎摔了下来，伤到了胳膊。他也知道这件事做得不对，生怕受到老师的批评，便没有声张，默默地回到了教室。其他孩子告诉了李金蓉这件事，李金蓉焦急万分，急忙来到教室查看他的胳膊。面对李金蓉的询问，翱宇不敢直视她的眼睛，只是低头不语。李金蓉轻声问他疼不疼，翱宇先是摇头否认，随后又点头承认，他下意识地用右手捂着受伤的左胳膊，虽然没有哭泣，但脸上的表情透露出难受。

李金蓉内心感到很不是滋味，一方面是因为翱宇受伤时她不在场，未能保护好他；另一方面，她感到难过，因为翱宇的顽皮导致两只小鸟死亡。她为翱宇涂抹了一些药膏，告诫他爬树很危险，嘱咐他以后不要再爬树了，还让他在桌子上趴着休息了一会儿。

在随后的班会时间，李金蓉在黑板上写下了"敬畏生命"四个大字，然后向孩子们讲述了每个人对自己生命的责任和对他人生命的责任，强调了对每一个生命都怀有敬畏、珍视和感恩心态的重要性。这次班会，孩子们听得格外认真，或许是因为李金蓉表现出的前所未有的庄重，也或许是因为孩子们真的理解了她的这番话。她能感觉到，翱宇确实听懂了。班会结束后，翱宇低头沉思了许久，表情中多了几分严肃和思考。当李金蓉教唱《感恩的心》时，翱宇学习得尤为专注。第二天，翱宇送给李金蓉一幅画，上面写着"敬畏生命"。从那以后，翱宇变得格外懂事，在课堂上依然积极举手发言，不再爬树抓鸟，也不再与其他孩子发生冲突。

一次意外受伤，成了一个教育契机。从一开始对教师角色的理想化期待，到面对现实的挑战和孩子们天真无邪的天性，在支教的过程中，李金蓉逐渐认识到，教育不仅是站在讲台上传授知识，而且是一场心灵的交流，是生命与生命的沟通。在后来的支教日志里，李金蓉用这样一首诗回忆那段时光：

与你相遇在最美好的年华，
与你相逢在最美丽的日子，
阳光明媚的季节，
所有的点滴刻骨铭心；
阳光似你的温柔，
你的笑容若阳光般灿烂，
谢谢你们阳光般不离不弃的陪伴，
谢谢你们带给我们阳光般的温暖、感动，
愿爱我们的你们与爱你们的我们一切安好，
愿你的晴天此生永驻！

身为大学生，以教师的身份站上讲台传授知识，对于支教队队员们来说是一次难得的体验。在这样的情境下，他们对于教育有了全新的认识，在他们的支教日志里，字里行间流露的都是真切的感悟，这些感悟也化为他们生命中不可磨灭的印记。

支教队队员日志（节选）

我知道，大学生下乡支教一直备受怀疑。有很多人说在这短短一二十天时间里，我们并不能为孩子们带来太多实质性的改变，反而扰乱了他们的生活节奏，影响了他们的学习进度。我承认，我们的确无法让孩子们在学习上发生太大的改变，对他们的生活看起来影响也不明显，我们没有改变他们的力量，但是我们在无形中引导他们主动去改变。我们让他们看到了希望，或许希望很渺茫，但至少可以燃起他们对大学的憧憬。我们带去了很多新的思想和认识，带去了青春的活力，只要对一个孩子的人生轨迹有一点点影响，我们的支教就是值得的。

——第九届贵州支教队队员梁梦凡

那里的邻里乡亲对我们的关照让我们感到特别温暖。我不由地回想起自己读小学时，有很多家长为老师送菜。当时，年幼的我觉得家长们的这种行为特别没必要，但是当自己也成为老师，收到孩子家长送来的菜时，我才体会到其中的温暖。家长们表面上是在送菜，实际上表达的是对老师的肯定。

——第一届巴东支教队队员孟丽

今天是九月十日，是教师节。对我而言，今天有些特别，因为我收到了来自贵州省麻江县青山小学同学们的短信，写着"文静老师，节日快乐！"，虽然只有简单的几个字，但我内心激动得久久不能平静。

——第三届贵州支教队队员何文静

梦想成真：毕丹丹的支教记忆与教师之路

毕丹丹曾经是素质班的第七届成员，也是第八届贵州支教队队员，现在是安徽省合肥市郎溪路小学的一名数学老师兼班主任。在素质班和贵州支教的经历，让她学会了在爱和奉献中找寻自我，成为更好的自己，也让她萌生了成为一名老师的梦想，她特别希望在教育工作中把素质班的理念推广开来，让更多学生受益。

回忆起支教的日子，联系自己今天的老师身份，毕丹丹感慨万千，不禁写下了以下文字：

八年前的夏天，我踏上了前往贵州省麻江县的支教之旅。那时的我，怀揣着对教育的热爱和对乡村的好奇，踏上了那片充满神秘色彩的土地。那里风景如画，但更令我难忘的，是那些渴望知识的孩子们。

初到乐埠小学时，我发现这里的一切和自己的预想出入太大。这里的硬件设施齐全，每间教室都有多媒体设备，孩子们的宿舍宽敞，和我们想象中的破旧、穷苦的情况大相径庭。我不禁发出疑问，在这20多天里，我能做些什么，这里的孩子到底需要什么？于是，我和团队的老师们深入走访，调查学情，渐渐发现这里的孩子大多是留守儿童，他们跟着爷爷奶奶或者哥哥姐姐生活，还有一个年仅10岁的孩子可以洗衣做饭，独立生活。一座座大山阻隔了他们和广阔世界的连接，生活的压力让他们缺少父母的陪伴与关爱，我明白了，我要做的是爱与唤醒。

在课堂上，我讲述着自己的经历，描述着精彩的大学生活，孩子们目光炙热，从他们的眼神里，我看到了他们对外面世界的向往，对广阔天地的渴望。每个老师都精心准备着自己的课程，用各种活动唤起孩子们对知识的兴趣。白天，我们一起上课，放学时，我们送孩子们回家，我们伴着夕阳，翻山越岭，却一点都感受不到累。

20多天的时间转瞬即逝，与其说是我们陪伴了孩子，不如说是他们治愈了我们。在交往的过程中，孩子们逐渐打开自己的心扉，变得自信爱笑，我们也由刚开始的小心翼翼变为后来的从容应对。慢慢地，我明白了素质班一直坚持支教的意义，把一件事一直做、用心做，素质班就能像阳光一样照亮更多的人。对我而言，我在八年前的那个夏天埋下的种子如今已经开花，我成了一名小学数学老师兼班主任。

短暂的支教是忙碌的，也是充实的，更是幸福、快乐的。尽管看起来显得有些平淡，但是我认为，它将是我今天从事教育事业的铺垫。西部计划优秀支教者冯艾的一句话最能表达我的感受："有一种生活，没有经历过，就不知道其中的艰辛；有一种艰辛，没有体会过，就不知道其中的快乐；有一种快乐，没有拥有过，就不知道其中的纯粹！我踏踏实实地工作过，全心全意地付出过，认认真真地学习过，用尽爱心奉献过。"

三尺讲台育桃李，一方黑板成栋梁。当教育成为我毕生的事业时，我又在想，我能为这里的孩子们带来什么。初次走进郎溪路小学的教室，面对一张张稚嫩可爱的脸庞，我既紧张又激动，我终于实现了多年来的梦想，又害怕自己能力有限，不能胜任这份工作。之前的支教经历使我明白，只有用心浇灌，幼苗才会开出绚丽的花。在教育实践中，我一次次调整摸索，慢慢得心应手。我用心对待每一个孩子，善于聆听，用心呵护。在课堂上，我们是师生，在课下，我们是互相理解、互相支持的朋友。不论是贵州大山的孩子，还是在合肥这个繁华城市的孩子，他们都需要爱，都需要用心对待。他们都是花朵，在祖国的这个大花园里次第开放。

回顾这几年的历程，我深感自己的选择是正确的。教育是一项伟大的事业，它能够改变一个人的命运，也能够改变一个地区的面貌。我为自己能够成为教育行业的一员而感到骄傲和自豪。

未来，我将继续投身于教育事业，为更多的孩子带去知识和希望。我相信，只要我们用心去教育，用心去关爱，就一定能够为更多孩子点亮未来的路。

第五节　以成长陪伴成长

素质班人选择支教，本是想把知识传授给孩子，或者说以自己的言行影响孩子。但慢慢地，素质班人发现，支教其实是双向的滋养与教育。

老师给予孩子关爱，让孩子对走出大山、去更广阔的天地充满希望；这儿的好山、好水和特别的人，也给予了这些支教的大学生坚守初心、勇往直前的力量。

这是心与心的碰撞，是成长在陪伴着成长。

在群山之中，第六届巴东支教队的吕慧玲带着一份期待，开始了她的支教之旅。在支教的过程中，她不断地思考着改变的意义。她希望这次支教能够为孩子们带来一些积极的影响，哪怕这些影响并不是立即显现出来。她明白，二十多天的时间虽然短暂，但那些看似微不足道的瞬间、举动或言语，可能会在孩子们心中激起涟漪，甚至影响他们的一生。她相信，教育的力量在于激发和启迪，而不仅仅是知识的传递。

然而，当支教旅途结束后，吕慧玲发现，支教过程中，最大的改变其实发生在她自己身上。她和队员们学会了如何适应新环境，如何独立生活，包括做饭、洗衣等日常技能。她们学会了如何与孩子们有效沟通，如何与同龄人建立深厚的友谊。她们在崎岖的山路上跋涉，不畏艰难，勇敢前行，这不仅是对身体素质的挑战，而且是对意志力的考验。

学生们的成长和进步，他们的笑容、好奇心和对知识的渴望，铸就了她坚守教育初心、不断前行的动力；当地老师和家长对远道而来的志愿者们表现出的关心和支持，是她受益终身的宝贵财富。

在年复一年的守望之中，改变与被改变从来都是相伴相随的，这样的故事数不胜数，它们像滋润心田的涓涓细流，流淌在一篇篇支教日志和支教心得中。

支教队队员日志（节选）

回到城市，每次遇到困难的时候，每次听到身边的人感慨生活不顺心的时候，我就会想起在申信小学支教的日子，想起在那里的生活和那里的孩子们，我就觉得这些抱怨似乎显得不值一提。我相信素质班的默默坚持一定能够为那片土地带去希望，随着受资助孩子数量的增加，随着我们支教团队逐渐发展壮大，我们将来一定能够帮那里的孩子创造更多改变，带来更多希望，而不仅仅是编织梦想！

——第一届贵州支教队队员陈莹

这里的孩子们非常单纯善良，他们表达情感的方式单纯而直接。孩子们每天早上送来的花和日常塞给我的小纸条都让我特别感动。

——第一届巴东支教队队员孟丽

我是一个语言组织能力很差的人，每天晚上开总结会的时候，我的话都很少，平时跟人聊天也是一样，总在担心别人对我有看法。但是，和这群孩子在一起时，我很轻松，没有顾虑，是这群孩子在治愈着我。

——第五届巴东支教队队员罗旭

巴东的山很高，山上的人家距离很远，为了见一次面，他们甚至要翻山越岭，但我们的心还是在向彼此靠近。这儿人们的朴实让我感动，村民就因为知道我们是来帮助学生的，就多次把自己辛苦种的蔬菜、粮食送给我们。来支教之前，我们和村民彼此并不认识，原本不相识的人就因为彼此都心存善意，就选择去信任、去感谢对方，这种感受弥足珍贵。

——第六届巴东支教队队员钟嘉玲

回忆起支教的这些日子，我在快乐中享受着，也不停地在迷茫和彷徨中思考着。宋老师说过："使人成熟的，并不是岁月，而是经历。"通过二十多天的支教，我不知道自己是否真的变得比以往更加成熟了，但它的确更坚定了我支教的信念，也让我明白了作为一名支教老师应尽的责任。在这看似漫长却又短暂的二十多天里，无论是在思想上，还是在工作或者在生活上，我们都为自己留下了浓墨重彩的一笔，画出了自己心目中完美的支教图画。

——第六届巴东支教队队员姚鑫洋

有个孩子得知我因胃病犯了没有吃午饭的时候，竟默默地为我买了一碗粉，还告诉我没有让老板放辣椒，所以比较清淡，坚持让我接着，我当时真的很意外，我不知道该说些什么，第一次被孩子照顾，我内心的感动和欣喜交织在一起，这种体验也许一生也仅有这一次。后来，我又陆续收到孩子们送来的卡片和蓝莓，虽然我试着拒绝，但他们却很坚持，可能这就是他们表达关心的方式，简单而质朴。

——第七届贵州支教队队员龚艳

选择支教，本是想为学生传授知识，或者说以自己的言行影响学生。但慢慢地，我发现，其实他们才是我的老师。

这里的孩子胆子都很大。有一次，我们带孩子们去河里玩水，惊讶地发现孩子们都会游泳，而我们这些老师中，只有少数几个人会游泳。这里的孩子从小接触山山水水，没有大城市那样好的条件，没有游泳教练，他们游泳全靠自学。当我因为怕水只能坐在岸边的时候，他们早已在水里驰骋翻滚。就连最后我学会在水里漂起来，也是因为他们的勇气感染了我。

他们很独立。如果说我是在学校认识了孩子们，那么在调研的过程中，我就认识了他们的家庭，了解了他们的生活。虽然说童年生活都应该是无忧无虑的，但是我在他们的身上看到了独立和坚强。有一个五年级的学生，父母都在外地务工，他的家里只有他和一个在上高中的哥哥。我很难想象每天放学之后的时间他是怎么度过的。当别的家庭都有父母操持着一切时，他得独自面对所有的困难，他还只是一个正在读五年级的孩子啊！更有一对正在读一年级的兄妹，当别的同学都回家吃饭的时候，他们会拿着早上从家里带来的饭菜到食堂和我们一起吃。因为要调研，有一天放学后，我们跟着他们回家，足足走了四十多分钟。当我们累得脚掌酸疼的时候，他们还在蹦蹦跳跳地往前走。后来，我了解到，他们的父母也是早出晚归，就算兄妹两人回家了，家里也是没有人的。从他们平静的眼神中，我没有看到娇气和委屈，更多的是习以为常。

他们很坚强。我一直对一个六年级的学生印象深刻，在我的地理课上，她一直都是最活跃的。无论我讲到什么，她总能最先回应我。有时，对于一些知识点，她甚至知道得比我还多，甚至嫌我讲得太慢。我看到的她，永远都是满脸阳光。但是，当我们到她的家中家访，了解到的事实真相却让我们沉默不语。她爸爸很早就因车祸去世了，妈妈常年在外务工，家里只剩下她和年幼的妹妹、年迈的爷爷奶奶。我心情很沉重，忍不住感慨万千。听班上的同学说，她是个"学霸"。可见，困难的家庭情况并没有让她消沉，而是给了她更多力量，激励着她更加刻苦用功地学习，积极乐观地生活，让她变得比同龄的孩子更加坚强勇敢！

作为一名支教老师，我很惭愧。学生教会我的远比我带给他们的要多。他们很勇敢、独立、坚强，这是他们教给我的，我会带着他们给予我的力量继续前进！

——第八届贵州支教队队员陈晓奥

第三章

静待花开：支教行动中的爱与陪伴

一年又一年，在夏日蝉鸣的日子里，一批又一批素质班支教队队员会前往麻江县和巴东县。大山深处，等待他们的，是一张张淳朴的面庞，一双双渴望而依恋的眼睛，一句句羞涩而真切的话语。这些都成为支教队一年又一年奔赴大山的理由和动力。孩子们就像一粒粒渴望爱的种子，每一位支教队队员既是播种者，也是守护者。

孩子们就在那儿，支教队队员走近他们，陪伴他们，静待花开，见证成长。

第一节 播撒希望

我相信有一双手把我轻轻牵到你的跟前,
我相信有一根线将梦想与现实相连,
我相信有一种缘会让我们相遇,
我相信就是这一天命运开始改变。

谭宇钒:逆境中的向阳花

有这样一个少年,年纪虽小,却已历经他人难以想象的诸多磨难。他叫谭宇钒,出生于2006年8月,是一名土家族男孩,家住湖北省恩施土家族苗族自治州巴东县清太坪镇金满溪村六组。

2020年,他的父亲在工地意外亡故,不久后母亲也离家出走,这让本就沉浸在阴霾中的家庭雪上加霜,从此,年幼的谭宇钒只能和爷爷奶奶相依为命。

试想一下,这样的家庭,生存现状会有多艰难?谭宇钒的爷爷名叫谭元涛,今年62岁,身体状况很差,早已无法从事繁重的农活,家里唯一的经济来源便是每年养的4头猪,除此之外,家里的田地也只能种些玉米和土豆,供他们生活自用,连吃的大米都只能靠买。就算他们再怎么省吃俭用,面对这一年到头的开支也显得捉襟见肘,更何况谭宇钒还要上学。

谭宇钒在学校每天的伙食费需要8元,就算不买文具和日用品,一个学期也需要大约800元伙食费,800元对这样的家庭来说显然算是一笔"巨款",家里只能依靠低保来供谭宇钒上学。庆幸的是,谭宇钒在学业上十分刻苦认真,每次考试都能名列前茅,令家人倍感欣慰。

2016年6月25日对于谭宇钒和他的家人来说是一个特殊的日子。这一天,经清太坪镇白沙坪小学的志愿者袁辉老师介绍,支教助学服务中心的主任梁祖德第一次拜访了谭宇钒家，得知他家的情况后，对他的处境很关心，并决定对他进行资助。支教助学服务中心自成立以来，已经陆续帮助很多资助人和受资助对象实现对接。当获悉第二届素质班成员刘维愿意单独资助一名经济困难学生时，梁祖德便向她推荐了谭宇钒，刘维对谭宇钒的基本情况有了了解后，便欣然同意资助谭宇钒。

2016年8月27日，梁祖德、资助人刘维和袁辉老师一起拜访了谭宇钒家，看到年迈的爷爷奶奶和天真稚气的谭宇钒时，他们三人心里五味杂陈。

谭宇钒马上就要上五年级了，为了对这个孩子有一些更深入的了解，也为了和他有多一些交流，刘维详细地问了他的学习和生活情况，谭宇钒也很热情地一一回答，刘维用很暖心的话语鼓励谭宇钒好好学习，希望他将来有机会到武汉上大学，谭宇钒带着一丝腼腆的笑容频频点头。刘维被这个孩子的纯朴和善良打动了，她当场拿出了为谭宇钒准备的一学期的资助金1000元。拿着资助金，孩子带着笑意的眼睛里饱含着对未来的希冀和用言语道不尽的感恩。这一天，刘维等人的来访为谭宇钒带去了希望和对未来的美好憧憬。

王金翠：播种在黔东南的希望之花

2010年夏天，家住贵州省黔东南苗族侗族自治州麻江县杏山镇仰古村新寨组的王金翠还在申信小学上三年级。对于她来说，小学暑假本来应该是一段快乐闲散的时光，她放假回家，会和同伴一起去山上放牛，在山间奔跑，在小溪旁玩耍，捉小鸡和小鸭，不需要把太多时间用在学习上。正当她期待着假期时，学校却在做放假安全教育时提到湖北经济学院素质班支教队要在暑假来支教，老师让感兴趣的同学都去了解一下，还鼓励大家积极报名。一听说有支教老师要来，王金翠心动了，她放学回家后和奶奶说了这件事，经过奶奶同意后，她便背着书包来到了学校。

她与素质班老师的初次见面并不美好。王金翠性格有些内向，面对那么多的陌生面孔，她感到很难适应。到校之后，她最开始接触的就是军训。当时的教官是游学超老师,他是孩子们心中有些严格的教官。在这之前,这些孩子们从未经历过军训,更不知道军训会是一场大挑战,需要考验意志力和身体素质。各种姿势必须做到位,不能有丝毫松懈,就连流汗了也不能随便擦。那时候,王金翠才知道电视上军人英姿飒爽、步履整齐的背后是数不清的训练,她对军人的敬佩之情油然而生。

几天之后,老师与同学们都熟络起来,王金翠也意识到每个老师都是很亲切的,他们聊的话题也越来越多。对于麻江县的孩子来说,其实每个人心里都有一个走出大山的梦想。孩子们总是三三两两地聚在一起,问老师各种各样的问题:大山的外面有什么呀?外面有什么好吃的?外面有什么好玩的?大学是什么样的?从老师口中,王金翠了解了更多她所不知道的内容,对那些丰富多彩的文化、美丽动人的风景充满了期待。在老师的鼓励下,她大胆地畅想着自己的未来。与此同时,她心里对大山外面的那份憧憬越发浓厚,她暗下决心,一定要努力上进,好好学习知识,改变自己的命运。

除了军训,孩子们还有其他课程。他们小学没有英语课,支教老师就教他们简单的英语口语。音乐老师带着孩子们深情地吟唱《虫儿飞》,还在自习课时段担任辅导老师,耐心解答孩子们在暑期作业中遇到的各种难题。为了激励孩子们积极参与,支教老师特地创设了一项奖励办法,即为在课堂上专心听讲、积极互动的孩子奖励一个小巧精致的笔记本。此外,支教老师还设计了各类丰富多彩的文艺赛事,包括绘画比赛、书法大赛等,极大地丰富了孩子们的假期生活,也为那个夏天增添了许多斑斓的色彩。值得一提的是,在美术课和手工课上,孩子们用美术作品(见图3-1)、手工作品(见图3-2)表达自己对世界的理解,一幅幅充满童趣的作品给支教老师留下了深刻的印象。

随着支教活动徐徐落幕,一场盛大的总结表彰大会也在紧锣密鼓地筹备中。老师们在大会上为那些在各方面表现均极为优秀的孩子颁发了奖状和奖品,这其中就包括王金翠。所有这些温暖而充实的经历,丰富了王金翠的暑期记忆,即便随着时间推移,直至她步入大学,她对这段美好的经历依然记忆犹新。

图3-1 孩子们的美术作品

图3-2 孩子们的手工作品

第三章 静待花开：支教行动中的爱与陪伴

从申信小学毕业后，王金翠历经三年的初中学习，凭借优异的成绩考入麻江县重点高中。然而，当她把这个好消息告诉家人时，她并没有从家人脸上看到太多喜悦，家人表现出来的是愁容满面。对于这个困窘的家庭来说，孩子学习成绩优异是好事，但是家里实在无力承担她的学费，王金翠非常沮丧。

哥哥王正渊知道后，马上告诉她不用担心，因为他知道支教助学服务中心可以资助她上高中，接着，哥哥给了她梁祖德的联系方式。缘分就是这么奇妙，当年，哥哥王正渊也是素质班的暑期支教服务对象，并得到了资助。而今，妹妹王金翠再次得到了来自素质班的帮助。那时，她才了解到，素质班已经连续到贵州支教很多年，这更让她意识到，素质班的这些支教老师是真正有爱心、有信念、不怕吃苦的人。上了高中的王金翠更加努力学习，她希望自己以后可以像这些支教老师一样，用自己的力量回报社会。

时光荏苒，光阴似箭，王金翠没有辜负那些被努力染成金色的时光。2019年，她顺利考上了大学。但在高兴和期盼的同时，她也感到迷茫无措。面对未来的大学生活，她既紧张又期待。这时，她从哥哥口中得知素质班支教队会到麻江县乐埠小学支教，还会举行贵州支教十周年的纪念活动。那一刻，那些童年的记忆和那些亲切的面容一起涌入脑海，王金翠觉得自己应该去见一见那些曾经在自己心中像超人一样的老师了，也许在那里，她会找到自己想要的东西。

在得知自己可以参加支教活动之后，她便赶往乐埠小学。学校已经不是原来的样子，支教老师也不是原来的老师，时间过了一年又一年，很多东西都在变，唯一不变的是素质班的坚持与守望。到学校之后，她看见和她年龄差不多的支教队队员正在耐心地指导孩子们学习。在和他们的交流中，王金翠开始了解并向往起大学来。在十周年纪念活动上，她认识了宋健老师、赵俊涛，还认识了素质班的其他成员，他们恰恰是在她成长路上给予她帮助的人。他们给了她很多关于大学的建议，告诉她如何在大学敞开心扉结识朋友，如何让自己的大学生活丰富多彩。这些交流进一步打消了她心中的疑虑，让她对上大学充满信心，也开始期待开学时间的到来。

转眼间，两年又过去了，大学让王金翠成长了很多，那个在山里长大的小姑娘已经变成了自己从前期待的样子。在大学里，她遇见过挫折，也在面对很多困难时想过放弃，但所幸她坚持下来了。她常常想起素质班坚持了十多年的贵州支教活动，对用心准备、努力行动的素质班人充满钦佩之情。秉持这些理念和坚持这样行动的人她早已见过，在她失意的时候，在她开心的时候，在她彷徨无措的时候，不管她走多远，那些人和那些事都能不断地温暖她、鼓舞她、鞭策她。她坚信，即使山高路远，只要无所畏惧，心中有灯，坚持前行，她就一定能遇见更好的自己。

第二节 陪伴成长

在素质班的支教历程中,陪伴是永恒的主题。

大山里的孩子多是留守儿童,在他们之中,很多人的父母去往全国各地务工,导致孩子缺乏家庭的关爱;有人父母遭遇意外,导致身体残疾;还有人只能借住在亲戚家里。正如列夫·托尔斯泰所说的,幸福的家庭都是相似的,不幸的家庭各有各的不幸。

他们的童年记忆里,有秀丽的青山,有清澈的泉水,有成片的田野,却没有足够多的来自亲人、朋友的关怀、照顾与指导。天地很大,但他们的世界却很小。在这广阔的大山里,他们不知道如何慰藉自己的心灵,不知道如何通过探索来填充自己的小小世界。

素质班人在大山深处扎根,其中一个主要原因正是他们看见了这一现状,看见了这些小小的、孤单的身影。出于善念,素质班人坚守至今。

孟强烽:山里"野孩子"的蜕变

从2009年到2019年,一到暑假,麻江县的蓝天白云和绿水青山似乎都满含着期待和希望,也满载着小小少年的梦想与热忱。

对于支教队队员来说,支教是他们日后大学记忆里最难忘的一段时光;而对于孟强烽来说,有支教老师陪伴的日子是他最精彩、最难忘的童年时光。

第十届贵州支教队到达乐埠小学之后,做的第一件事就是招生。这已经是素质班在乐埠小学开展支教活动的第三年,有了前两年的基础,招生工作进行得很顺利,其中大部分学生都是之前的老生。他们非常熟络地围着队长梁祖德,不停地询问往届老师的消息。相较之下,其他初来乍到的支教老师倒显得紧张而局促,师生位置好像颠倒过来了。面对这群老生,支教老师们很快遇到了问题,在老生心中,他们没有威信,孩子们也不把他们当老师看，这导致课堂教学很难进行。而在这群孩子中，最"嚣张"的当属孟强烽。

上六年级的孟强烽是第三次参加支教活动，在一群孩子里，他算是年纪大的，其他年纪小的孩子会听他的话。他会故意告诉其他学生这些从武汉来的哥哥姐姐们根本不是老师，于是以他为首的一些老生都不把这些新来的队员们当老师，这为老师们的课堂纪律管理带来了很多麻烦。在正式分班之前，所有年级的孩子都在一个教室里上课，老师要花很多时间和精力维持课堂纪律。那个时候，孟强烽坐在第一排靠窗的位置，在不遵守纪律这件事上，他每次都"身先士卒"，爱接话，又爱插嘴，老师们都十分头疼。

有一次，孟强烽和高年级的几个男生带了好几条形态非常逼真的玩具蛇来学校，专门吓唬女老师，好几个女老师都被吓住了。支教队队员们对这样的恶作剧都感到非常气愤，当男老师听说了这件事后，也忍不住发火训斥了他们。

或许是那次训斥起了作用，也或许是孟强烽意识到自己行为不当，在玩具蛇事件之后，孟强烽一改往日的顽皮，像换了个人一样。第二天中午，孟强烽突然找到被玩具蛇吓到的女老师张玉琴，非常认真地向她道歉，并且把自己亲手画的一幅画送给了张玉琴。

从那之后，他会积极地为老师帮忙，主动找老师交流。与此同时，支教队的老师也意识到了问题所在，不断尝试着接近他，希望能够更加了解这个叛逆的孩子。有时候，孟强烽放学后会在学校等爸爸来接他，在等待的时间里，他会在学校打篮球，支教老师们就会陪他一起打球。就这样，他慢慢放下防备，和老师们亲近起来。了解到他喜欢画画，用铅笔画的动漫人物非常形象逼真，支教老师们鼓励他坚持自己的爱好。老师们的亲近和肯定给了他信心。他最喜欢的老师是第八届支教队队员彭歌，因为彭歌家在湖南，他希望自己以后可以去湖南上大学。他还常常问起之前来支教的袁佳丽老师的近况，袁佳丽是第七届支教队队员。支教老师们逐渐意识到，孟强烽做出种种叛逆行为，不仅仅是因为他想彰显自己作为老生的地位，还因为他惦记和想念从前的老师，所以潜意识里有点儿排斥新来的老师。

在第十届支教活动接近尾声的时候，支教队队员在日常授课的同时，还要准备十周年庆典活动，每个人都非常忙碌。孟强烽要作为学生代表发言，他的发言稿是在支教老师们一遍又一遍的指导下完成的,在这一过程中,孟强烽也变得越来越认真,俨然一个能独当一面的小男子汉。高年级孩子要在十周年庆典活动上表演历史剧《荆轲刺秦王》,孟强烽出演秦王,紧张的排练中总能发生很多趣事。

十周年庆典如期而至,孩子们格外用心,孟强烽的发言感人肺腑。那天晚上,师生们举办了篝火晚会(见图3-3),大家手相牵、心相连。那晚的篝火很旺,那晚的歌声很响,那晚的夜色很美。相伴的时间过得太快,大家都意识到道别的日子就快来了。在篝火晚会之后的几天,孟强烽总能流露出对这群老师的不舍,看他乖巧懂事的样子,支教老师很难把他和最开始那个嚣张叛逆的孩子王联系在一起。支教老师离开的前一天,他和老师们一起吃饭,比赛吃西瓜,打乒乓球,打羽毛球。

图3-3 师生们举办篝火晚会

贵州到武汉的距离太远,人间的七月又太短。孩子的世界很单纯,他们很难理解这一年一聚的机会有多珍贵。他们只是在一年又一年的送别中不断长大,又在新一年满是蝉鸣的盛夏期待着、盼望着。支教老师离开时,孟强烽用心地为支教老师们送上他准备的礼物,那是他用铅笔画的一幅画,还有他心爱的小饰品,这些小礼物也打动着支教老师们。在他们拉着行李箱坐上大巴的时候,孟强烽没有上前,他只是在校门口背过身,留下一个倔强的背影。

在离开贵州很久之后,支教老师越发觉得离别是一件很残忍的事,尤其对参加了三次支教活动的老生孟强烽来说。年年都会有老师来,年年来的老师都不一样,他在同一个地方等待着不同老师的到来,又在同一个地方送走他们。几来几回,三年已经过去,在孟强烽参加支教活动的历程中,"陪伴"是最核心的关键词。素质班支教队的老师陪伴他度过了三个夏天,陪他玩,陪他闹,陪他奇思妙想;他也陪伴着素质班支教队度过了难忘的三个夏天,陪伴过一届又一届支教老师成长与蜕变。欢笑与泪水,快乐与难过,孟强烽都和大家一起品尝;白云烂漫,星光点点,孟强烽都与大家一起体会。麻江的溪水倒映过他们的笑脸,也将这些美好的瞬间一并珍藏。

在将来,孩子王会变成男子汉,山高路远,不断成长的他还会经历重逢与分别。可能离别的意义就在于帮助彼此认识到此时相遇的弥足珍贵,以及此刻陪伴的来之不易。长大以后,每当孟强烽重新踏进那条名为童年的河流时,和素质班支教队连接在一起的记忆一定会像腾起的浪花,在阳光的照耀下闪闪发光。

谭茜:小小世界里的长长记忆

一次偶然的机会,素质班第一届成员赵俊涛看见了袁辉老师在巴东县清太坪镇姜家湾支教的报道,并在向素质班成员分享的时候引起了大家的注意。于是,2016年,素质班梁祖德特地去拜访了袁辉老师,从此,素质班与巴东县姜家湾的缘分就开始了。自2017年开始,素质班在姜家湾开展了六届支教活动,中间因为客观原因中断了一年。每年夏天,巴东支教队都风雨无阻,准时出现在青果山。

在第五届巴东支教队队员的身影出现在姜家湾支教点的那个下午,一个瘦瘦高高、留着齐刘海、扎着丸子头的小姑娘也到了支教点,帮助新来的老师一起收拾去年用过的教室和厨房。她叫谭茜,这已经是她参加素质班暑期支教活动的第五个年头。

小姑娘谭茜性格开朗健谈,一点儿也不扭捏,很快就和老师打成一片。在第五届支教老师中,她最喜欢张帅森老师。谭茜和张帅森在下课以及闲暇时间总是喜欢一起画画，她们会在手机上搜罗出各种各样的简笔画，两个人一左一右坐在一张课桌上，看着教程，你画一笔，我画一笔。通常，在画完之后，张帅森还会拍一张照片，发在支教队的微信群里。

在第五届支教队开展支教活动的那段时间里，老师和孩子们总能发现张帅森几乎每天都有新发型，或是鱼骨辫，或是羊角辫，各式各样，都很好看。这些好看的发型全都出自谭茜之手。慢慢地，其他老师也找她编头发。那段时间，不管谁走进教室，总能看见两个人，一个人坐在凳子上，另一个人站在她身后正在帮她梳头发，画面十分温馨和谐。每当张帅森外出调研的时候，谭茜总要一起，她既帮忙带路，也能做翻译。轮到张帅森做饭的时候，谭茜也会来帮忙淘米或者洗菜。也正是在调研的路上和平日的欢笑里，谭茜和张帅森变得越来越亲密。

张帅森也慢慢了解了这位元老级学员的更多事情。谭茜第一次参加素质班暑期支教活动时，还在上小学三年级。那时候，和她一起参加支教活动的还有谭福欢、邓剑钊等同学。虽然大家所在的年级不同，但是在姜家湾还有小学的时候，由于上学的孩子人数少，不同年级的学生都在一间教室上课，所以他们彼此都很熟悉。自从素质班支教队来到这里，他们这些老生每年夏天都会出现在这里，共同度过一段快乐的暑假时光。和现在一样，谭茜也经常发挥自己的特长，为之前的支教老师们编各种好看的发型，她还和老师一起画画、做手工。

每年支教结束之前会举行结业典礼，在结业典礼上，大家会表演节目，有人唱歌，有人跳舞，还有人演话剧。在前五届支教队举行的结业典礼上，谭茜参与了三次汇报演出，其中包括两次话剧、一次舞蹈。在第三届结业典礼上，谭茜出演话剧《白雪公主和七个小矮人》里的白雪公主。在分享这段经历的时候，她讲到当时要背台词，猎人的名字特别拗口，但是她还是背下来了，事后她觉得自己特别有成就感。在第四届支教队举行的结业典礼上，她出演了《荆轲刺秦王》里的太子丹。在排练的时候，谭茜说话口音很重，她一念起台词，就惹得大家哈哈大笑。

如果说在之前两次话剧演出中她都是参与者，那么在第五届结业典礼的节目《寄明月》中，她俨然成了一个引导者，成为整个节目的灵魂人物。在支教快要结束的时候,已有打算的她在网络上找到了一个古装风格的舞蹈,还带着其他孩子一起排练。令所有老师惊讶的是,她不仅学会了整段舞蹈,而且设计出了队形,这个舞蹈被她编排得有模有样。在准备和排练的过程中,没有人教,她就自己学,学会了再教其他孩子;没有现成的队形,她就自己排,还设计了新的动作;起初,参与舞蹈表演的孩子太少,她就积极劝说其他孩子加入舞蹈队,还很耐心地教她们。孩子们慢慢有了进步,谭茜很高兴,还从家里带来切好的西瓜和洗好的葡萄,来犒劳辛苦练舞的小伙伴们。

本来以为付出了努力,节目就能顺顺利利地进行,但就在演出前一天,有两个孩子突然变卦,坚持不上台。谭茜一时间急得不知怎么办才好,两个孩子的退出意味着大家之前排练的所有队形和设计的舞蹈动作都要推翻重来,之前所有的努力都白费了。张帅森在知道这个情况之后去询问两个孩子原因,一个孩子说因为自己还有其他节目,实在忙不过来,就放弃跳舞;另一个孩子说自己就是抱着玩的心态去的,现在感觉太累了,所以不想跳了。张帅森告诉谭茜:"宁缺毋滥,我们一起想办法。"执拗的谭茜没有放弃,她又去劝说那两个想退出的孩子,在劝说无果后,她没有颓丧,而是调整心态,重整旗鼓,带着剩下的孩子们重新编排队形。在表演前一天晚上十点多,她还在忙碌。在结业典礼上,三个小姑娘略施粉黛,穿着可爱漂亮的裙子,伴随着轻松美妙的音乐,非常出色地完成了表演,大家都看得津津有味。

谭茜的爸爸妈妈在她很小的时候就离婚了,此后她一直和爸爸、爷爷、奶奶生活。爷爷奶奶年事已高,但还是每天早起干农活,谭茜总是会帮忙收土豆、做饭,为家人分担家务。爸爸之前在武汉务工,只有在暑假太过炎热的时候才会回家休息一段时间。现在,他在野三关镇上务工,可以经常回家。也许是因为父女俩相伴的时间太少,在平日里,谭茜和爸爸的交流很少。这里的青山绿水、蓝天白云、乡间小路,以及同学、朋友、爷爷奶奶,还有支教老师,共同勾勒出小姑娘的年少时光。

谭茜从小就是一个让人省心的孩子。她性格开朗活泼,心思细腻,很会照顾别人的情绪,不会让别人感到尴尬,因此她有很多朋友;她懂得为家人分担家务,减轻家庭负担;她知道要努力学习,在学习上从来不用家长操心。但是在同龄人中,和谭茜比较熟络的大多是男生,这是因为留在村里的女孩大多比她小,她时常感到孤单。

素质班暑期支教最大的意义是什么呢？面对这个问题，谭茜脱口而出："是快乐！"确实，她在支教点度过的是有人陪伴的欢乐时光。

每年夏天，谭茜可以接触到不同的课程，学到不同的知识；能遇见不同的老师，和他们聊天说笑；能结识更多孩子，他们会温柔地叫她姐姐，和她一起做游戏、画画、做手工；当自己遇到难题的时候，会有老师开导她，引导她成长。更重要的是，在这里她能发挥自己的特长，为女老师们编各种各样好看的发型，做各种各样好看的手工送给她们。她在支教队里的生活丰富多彩，每天都很快乐。

刚来巴东的时候，张帅森就能很明显地感觉到，谭茜既温柔又强大，有着自己的小世界。在她的小世界里，有美丽的朝霞和余晖，有田里的辣椒和番茄，有邻居家刚出生的小猫和自家的猫咪"进宝"，还有等待她自己消化的不良情绪。很多在同龄人眼中习以为常的东西都是她的宝贝，她会用手机把这些画面拍成照片，会每年为自家的猫咪"进宝"过生日，会把自己做菜的过程做成菜谱发到微信群里……她的世界生动可爱，充满童真和乐趣。

她也很喜欢和支教队的老师分享她的小世界里的故事。或许有人没有察觉到，这个小姑娘是在用自己的方式和大家分享她的温柔和快乐。令人庆幸的是，支教队的老师总能体察和回应她，可能是聊一些糗事，可能是分享一些风景照片，可能是编头发时的窃窃私语，也可能是她在表演时老师们的奋力鼓掌。五年了，在支教队到来的暑假时光里，谭茜总是有人陪伴，总能收获快乐。

2022年的夏天结束了，第五届巴东支教队的支教旅程告一段落，谭茜已经把这些快乐装进了自己有趣的小世界里，这些快乐一定能给予她源源不断的力量，让她期待着下一届支教队的到来。

20来天的时间里，支教队也许能做的很少，但是，多一些关爱，多一些陪伴，多一些耐心，就能够让其中的一些孩子懂得有一群人在挂念他们，记得自己曾身处其中的温暖与美好。

第三节 破茧成蝶

改变，常常悄无声息，像春雨一样润物细无声，在时间的平缓流淌中去治愈每一个孩子的心灵，温暖他们身后举步维艰的家庭。

在素质班支教的历程中，支教队队员们见到了各种各样的孩子。他们其中很多人"身怀绝技"：拿起铅笔就能画画，最后完成的画作和模板相差无几；从没接触过摄影，第一次拍的照片就像模像样；不管是编头发、做模型，还是用软纸做玫瑰花，他们样样在行；他们小小的脑袋里满是奇思妙想，很多人告诉支教老师，他们长大了想要去探索浩渺的宇宙。同样是这群孩子，有人从小就缺乏父母的陪伴，很没有安全感；有人经常受到家长的打骂，很没有自信；有人从小被爷爷奶奶溺爱，养成了骄横、没有礼貌的坏习惯……

在支教老师的日常生活中，调解和引导是重要的内容，比如上午有两个孩子打架，下午有个孩子被同伴气哭了，放学之前还有孩子捣乱。各种各样的事情，即使很小，老师们也不敢松懈。或许有人会说，支教老师根本不需要做这么多事情。他们之所以事无巨细，是因为他们不愿意错过任何一个能为孩子带来改变的契机。一点一滴的改变也许在外人看起来毫不起眼，但将来却很可能使孩子爆发出巨大的力量。

张太蕾：听见花开的声音

"我很难判断我要做的事情是否有意义，是否有价值，我只知道，我应该这样做，也必须这样做。远方的人们很难听见大山里花开的声音，也很难见到花朵绽放的瞬间。我们需要知道的是，这世间很多美妙的风景需要自己主动靠近和寻找。"这段话，来自第十届贵州支教队队员安明阳的支教日志。

2019年的夏天，安明阳加入了素质班的贵州支教队。在20来天的支教中，他领略了贵州的大好风光，结识了志同道合的朋友，认识了活泼聪明的孩子，也收获了特别的支教记忆。在他的支教记忆里，张太蕾无疑是浓墨重彩的一笔。

安明阳所在的贵州支教队按孩子的情况，将他们分为三个班级：低年级班、中年级班和高年级班。每个班级由一位老师当班主任，负责学生们的安全、学习等事项。高年级班的学生更调皮，安明阳主动请缨，担任了高年级班的班主任。

高年级班的孩子年龄相对大一些，最调皮的就是他们，最会玩的也是他们。班级里有一个叫张太蕾的男生，他胖乎乎的，很结实，最是调皮，也是班级里的孩子王。他经常带着班上的男生东跑西窜，就连上课时间也会跑出教室闲逛。好几个老师都被他气到了，但都拿他没办法。安明阳当了班主任之后，不少老师都提醒他好好管管张太蕾。

于是，张太蕾成为班级学生名单里的"头号人物"。

俗话说，知己知彼，百战不殆。安明阳先是对张太蕾的家庭状况进行了比较详尽的了解。张太蕾的父母常年不在家，家里只有爷爷奶奶照顾他。爷爷奶奶年事已高，身体也不好，日常管教张太蕾时显得心有余而力不足。时间一长，他就形成了放任自流的习惯，总觉得没有谁能够管得了自己。看来，这是一个典型的"坏学生"，安明阳也不禁头疼起来，如何引导张太蕾可真是个大问题。

这天，正当他头疼地想办法的时候，张太蕾又带着两个孩子逃课了。看见他们逃课的是担任低年级班主任的支教老师刘成星，刘成星第一时间告诉了安明阳，并和安明阳一起出去寻找他们。安全无小事，这是支教老师时刻牢记在心的一点。虽然学生们大都熟悉农村的环境，也了解这里的道路情况，但毕竟山多水深，极易出现安全事故。两位老师着急地边走边喊，最后终于在街上发现了张太蕾。一个人在真正生气的时候怒火是藏不住的，刘成星直接开始教训他们，正是因为他真的把他们当作自己的学生，所以当他目睹学生们行动不考虑后果、完全无视学校纪律的时候，刘成星将万千言语都化为训斥，过了一会儿，刘成星看见几个孩子都有了悔改之意，便先回了学校，留下三个男生和安明阳。

几个孩子低着头，一声不吭。安明阳也没说话，就那么看着他们。整个世界在此时安静下来，时间仿佛停止了。随后，安明阳老师叹了口气，问道："你们去哪儿了？"

"没去哪儿，就去了街上一趟。"

"去那儿做什么？你们不知道现在是上课时间吗？"

"知道，但是老师讲课我们不喜欢听，没兴趣。"

安明阳了解了他们的逃课的原因之后，突然灵机一动，想到一个解决办法。于是，他继续问道："我问你们，你们是不是男子汉？"

"当然是。"

"声音太小了，我听不见。是不是男子汉？"

三人异口同声地回答："是！"

"那好，既然是男子汉，那我们来做一个男子汉的约定，你们敢吗？"

"敢！"

"很好，这个约定就是，我准许你们一周逃课三次，但是其余时间必须严格遵守纪律，上课时在教室认真听讲，不许扰乱课堂秩序。怎么样？"

听到这番话之后，刚刚还低头无精打采的三人此刻变得活力无限，他们眼睛瞪得像铜铃，张太蕾连忙询问："真的吗？我们真的可以一周逃三次课吗？"他们简直不敢相信老师刚才说的话。

"没错，是真的，并且我还要说的是，你们可以选择逃自己不喜欢的课。"

话音未落，他们三人便欢呼雀跃、手舞足蹈起来。待他们高兴了一会儿之后，安明阳再次开口："不过，你们逃课的时候也有特别的使命。我正式任命你们为特别安全行动队队员，在逃课的时候负责在校园巡逻，寻找其他逃课的学生，并且保护校园安全。所以，我建议你们逃课时最好不离开学校，保护好我们的校园，怎么样？"

"哇，特别安全行动队！这是真的吗？"张太蕾一副不太相信的样子，看起来跃跃欲试。

"当然，这是男子汉的约定。怎么样，你们敢答应吗？"

"当然。"

"好，那就这样说定了，回去上课吧！"

"Yes, sir!"

约定达成，他们当天就试验了一下这个约定是否有效。在下午的音乐课开始前，张太蕾和另外两个孩子来到办公室，向安明阳申请逃课，安明阳准许了。得到准许后，几个孩子连蹦带跳地离开办公室，嘴里还哼着歌。

后来，安明阳照例去巡视班级的时候，每次都能看见张太蕾按照约定，在教室里认真听讲。第一周，他们按照约定只逃了三节课；到了第二周，他们只逃了一节课；到了第三周，也就是支教活动的最后一周，他一节课也没有逃。不知道是他领悟到了学习的乐趣，还是喜欢上了老师和课堂。不过，从他们不再逃课的行为来看，安明阳的引导方法是切实可行的。

几个老师很高兴能看见张太蕾在学校的改变，这个改变可以是起点，也可以是支点，或许有了这次的经历之后，他还能够继续往更好的方向改变。在后来的日子里，张太蕾用实际行动证实了这一点。

时间来到2021年的夏天，安明阳跟随贵州支教队回访麻江，再次见到了张太蕾，利用这次见面的机会，两个人好好地交流了一番。从张太蕾口中，安明阳得知，他在小学毕业考试中得了第七名，但是他自己觉得考得还不够好，他觉得自己原本可以考得更好。眼前的张太蕾，不仅学习认真，对自己也是严格要求，这在以前是根本不可能出现的情况。安明阳问他能不能感觉到这种转变是什么时候开始的，张太蕾回答："就是从五年级开始的，我感觉自己一下子就长大了，好像就是从那个暑假开始的吧。"谈到对那年支教活动的感受，张太蕾坦言，一开始他不喜欢安明阳老师，因为安明阳老师作为班主任，对他们提出了很多要求。但是，经历了那一次"男子汉的约定"事件后，张太蕾就慢慢改变了对安明阳的态度。因为在那个暑假之前，从来没有一个人像安明阳这样关心他，也从来没有一个人像安明阳这样能管得住他。张太蕾还说，自那以后，他特别希望支教队还能来乐埠小学。

听到这一番话，安明阳有些恍惚，他仿佛又回到了两年前的那个夏天。他越发清晰地知道，贵州麻江，他来对了。

对于张太蕾来说，他的世界里有山有水，有花有树，也有荆棘丛生，无论什么都是野蛮生长，无人打理。家庭的疏忽让他错失了太多"打理"自己的机会，导致他的个性越发不羁起来。这时候，他周边的所有人，不管家长、老师还是同学，在看他的时候都戴上了一副"有色眼镜"——这个"问题学生"不爱学习，喜欢惹事儿，不听管教，不讲道理。有的老师只要求他上课不要捣乱，家长只要求他在外不要惹事儿，同学只要求他不要找自己麻烦。渐渐地，他开始与周围人有了隔阂，他也不知道怎样去和大家交流，也没人愿意和他交流。

安明阳老师的"管教"不是死板的、教条式的，他让张太蕾感受到了真正的关心和在意，在不经意间教会了张太蕾如何更好地与大家相处，教会了他一个男子汉应该做什么，应该怎样去做。事实证明，安明阳的努力让张太蕾改变了自己，也改变了大家对张太蕾的看法。那个最捣蛋、最不好管的"问题学生"已经蜕变成了真正的男子汉。

临别之际，安明阳和张太蕾来了个大大的拥抱。

张太蕾顽皮地对安明阳说："小弟，以后记得常来看大哥。大哥会想你的。"

安明阳回答："嗯！一定！"

在支教队离开乐埠小学的路上，到处都是盛开的野花，有蓝色的、白色的、黄色的，各色各样，微风吹着，它们就轻晃着叶子与花瓣。这样的花，看起来娇弱无比，很容易被人忽视，但它们却充满顽强的生命力。在支教老师眼中，这些也许就是世间最美的花了。

田丰银：老师一定要再来啊

"老师，请你一定回来看看哦，我们会想你的！"这句话一直回荡在安明阳的脑海，让他的记忆回到2019年的夏天。

那个夏天，安明阳随支教队来到贵州省麻江县乐埠小学，认识了一群天真可爱的孩子。有不少孩子给他留下了深刻的印象，其中，田丰银和她的两个妹妹显得尤其特别。

安明阳和她们初次相遇，是在田丰银的家中。开学第一天，放学后安明阳与支教老师一起将学生送回家，同时肩负着招生任务。在把学生郭巧巧送到家之后，安明阳便问她附近有没有其他学生，于是，郭巧巧就带着他们去了田丰银的家里。

田丰银的家在一处高地，本来在远处一眼便能看到她家，却是山路弯弯绕绕，似乎越走越远。山路走到尽头，一座老旧木材结构的小屋出现在大家的视野中。小屋前，三个安静而略显羞涩的女孩正是田丰银姐妹，她们正不知所措地注视着这群"不速之客"。同样在打量他们的还有站在门口的父亲，他满面风霜，眼神里充满提防。郭巧巧看在眼里，赶紧主动上前招呼田丰银，热情地为支教老师们做介绍。田丰银这才逐渐放下戒备，主动接近支教老师。安明阳借此机会，向她们说明了此次支教的目的，他在轻松的氛围中进一步认真观察，发现三个女孩虽然性格内向，但却十分乖巧懂事。

随后，安明阳和女孩们的父亲攀谈起来。这位父亲头发乱乱的，胡须似乎很久没有打理，满脸皱纹。他身上所穿的衣服亦是破旧不堪，困窘跟岁月一样在他身上留下了深深的印记。目睹这一切，安明阳心中很不是滋味。经过一番恳谈并得到父亲的同意后，支教老师们完成了此次探访的重要任务，准备离开。在转身离去的瞬间，安明阳忍不住再次回望，他的心头涌上了一种难以名状的情感。

次日清晨，田丰银一家如期而至，父亲亲自送她们姐妹来到乐埠小学。因为支教队的到来，乐埠小学在她们眼中呈现出了陌生感。她们小心翼翼地步入校园，迈进教室的那一刻，面对陌生的支教老师，她们显得格外局促不安。

然而，随着支教老师们满怀激情地开始授课，女孩们逐渐放松下来。当她们的心灵之门被真诚与热爱叩开，内心的牵绊便开始快速生长，从此，她们的心和支教老师的心紧密相连。

然而，到了第三天，田丰银姐妹却没有来上课，最初支教老师们没有太在意，只当是她们因为家里有事需要请假。但是，到了第四天，田丰银姐妹还是没来，支教队的安明阳开始警觉起来，他立马就去问了田丰银的好友郭巧巧，只可惜，郭巧巧也不知道她们没来的具体原因。为了弄清楚田丰银姐妹为何没来学校，安明阳决定晚上再去一趟她家，了解一下情况。

放学后，当金灿灿的夕阳洒满了田间小路，当路旁的玉米地在微风的轻拂下变成一片绿色的海洋,安明阳连走带跑,花了近一个小时,才来到那个小木屋,那里便是田丰银的家。

安明阳敲响了木门,一位中年男子应声而出,那是田丰银的父亲。安明阳以一种温和而坚定的眼神注视着他,开口问道:"叔叔,您好,我是田丰银的老师,我想问一下,她们这两天为什么没到学校上课?"他的语气里满是关心与责任感。

"唉,我们家到学校实在是太远了,光走一趟就需要一个多小时,她们晚上放学回来太晚了,我不放心。"

"原来是这样。老师们都很希望她们能够继续上课,这对她们来说是一次很难得的机会啊。"

"说是这样说,可还是没能解决孩子们的安全问题啊。"

安明阳迟疑了一下,随后坚定地说:"叔叔,您放心,孩子们的安全由我来保障,放学后我送她们回家。"

见田丰银的父亲没说话,安明阳又补充道:"叔叔,我是真心希望她们能够去上学,多一个机会去了解外面的世界,真心希望她们能够健康快乐地成长。要不您问问她们前几天上课感觉如何?"

田丰银的父亲还在沉思,安明阳继续说道:"叔叔,您别犹豫了,答应我吧。都说知识改变命运,我们千里迢迢来到麻江,就是想让更多孩子了解更大的世界。她们姐妹很喜欢支教老师,也很喜欢学习。叔叔……"

"你不用再说了。我让她们去上学就是了。"田丰银的父亲直接打断了安明阳的话。这让安明阳喜出望外,他紧锁的眉头终于舒展开来,既为这几个孩子能够继续上课而感到欣慰,也为自己的努力终于有了回报而暗自欢喜。在一旁围观父亲和老师谈话的三个女孩尽管仍有些许拘束,却掩饰不住内心的喜悦,她们纯真的笑脸洋溢着期待与感激。

转眼间,新的一天来临,田丰银姐妹如约出现在了班级的座位上,她们认真听讲,积极完成老师布置的作业,各方面都有了进步。支教老师们看得出来,姐妹们非常珍惜这个机会。

时光飞逝,又到了不得不分别的时候,支教老师们的心中充满了对这片山水、这片土地和这群淳朴可爱的孩子们的眷恋。而孩子们又何尝不是如此。

田丰银姐妹特意赶来为支教队送行。在挥手告别的时候，一向羞涩的田丰银大声地喊："老师，一定要记得回来看我们，一定要再来啊！"

老师们乘坐的汽车开出去很远了，但这句话还是萦绕在支教队队员的耳畔。

第四节 静待花开

即使在大山深处，厚积薄发的未来也会踏着云彩准时报道。

无论哪里的孩子都有梦想，大山里的孩子也不例外。年复一年的支教让素质班人更加懂得，授人以鱼，不如授人以渔，帮一个孩子提高一时的学习成绩，不如教给他正确认识自己和这个世界的办法。真心的陪伴和用心的引导，能让他们拥有智慧的眼睛、热烈的心。

截至2024年夏天，素质班坚持在贵州支教十年，在巴东支教六年。最早参加支教活动的那一批孩子已经陆续进入高校深造，或者走进社会，甚至组建家庭。关于支教的记忆虽然久远，但那些记忆就像水里的鱼儿，在他们人生中的某一些时段，可能会调皮地跃出水面，激起层层涟漪。滴水穿石，集腋成裘。素质班人相信，所有热爱都会在坚持中迎来质变，所有梦想都会插上五彩的翅膀，自在飞翔。在素质班一年又一年的守望之中，那些曾经种下的种子都长成了参天大树，枝头挂满了累累果实。

喻庭波：回望相遇，珍视重逢

第一届贵州支教队成员郭彦曾经在日志里写道："一个阳桃，如果你一直竖着切，那你就永远看不见横着切开的星星形状。同样，一个孩子，如果你只根据他在学校的表现就为他下定论，那些藏在他们身后的故事就可能会被永远封存，我们也会错过那些原本可以帮助他们改变命运的契机。"

第一届贵州支教队遇到过这样一个孩子，当时，在老师的眼里，他从来都不是一个好学生，他很顽皮，喜欢接老师的话，还带着全班同学起哄，听课也不认真，喜欢做小动作。郭彦当时在支教日志里写道："如果不去他家里走走，也许我就真的放弃他了。因为谁都没想到，他的家庭环境是这样的。"

那个孩子叫喻庭波，支教队去家访的时候，他家正在建设新居，但由于经济条件的限制，这座房子已经动工了好几年，却仍未完工。房子里没什么家具，一台小小的彩色电视机，一张床，一个破旧的沙发，几个板凳，就组成了一个家。喻庭波带着支教老师上山摘李子、梨子和黄瓜。在这个畲族小村庄里，因为太过贫穷，人们连食用油都节省着用，餐桌上很少有炒菜，人们吃的几乎都是水煮菜。喻庭波家的厨房已经通了水，大锅加水，灶里加柴火，几十个土豆下锅，就成了一锅烧土豆。在和喻庭波父亲交流的过程中，支教队得知，喻庭波是一个很懂事的孩子。他在家里经常帮忙做农活，为家人减轻负担。俗话说，穷人的孩子早当家。他每天放学回家，还要去喂猪、放牛、洗衣服、做饭。很难想象，这个只有七八岁的孩子要承担这么多。除此之外，他还会自己拿木头做些小工艺品，给弟弟当玩具。

支教老师和喻庭波聊天，问他未来有什么打算，他这样回答："要是读书读得好，我就去大城市，把父母都接过去，不让他们太累；要是读书读不好，我就去打工赚钱，然后去城里买房子，给父母住。"

时间的车轮飞速运转，2022年，贵州支教队回访时，素质班人再次见到了喻庭波。让人欣慰的是，喻庭波靠着自己的钻研与踏实肯干，开了一个属于自己的修车店，有了自己的小家庭，也为父母和自己都买了房，实现了当年的梦想。

"真诚，创造一切可能"，这句话很醒目地挂在喻庭波家修车店的墙上。正如这句话所说的，他拥有梦想，也勇于坚持，终于获得了回报。他喜欢车，琢磨车，依靠自己开了修车店，也算是把爱好当成了职业。成家之后，他变得更有责任感了，他承担起整个家庭的重担，想要为孩子创造更好的生活环境——至少不能像自己以前一样成为留守儿童，他要成为一个好父亲，把孩子带在身边，全身心陪伴孩子成长。

在谈到那年夏天的支教时，他说："支教老师带我们看到了外面的世界。那个时候，支教老师很关心我们，特别亲切，后来我也就把他们当成自己的家里人。那时候，我们之间发生了很多有趣的事。现在我已成人，已经记不清支教时的很多细节了，就连自己那时候的照片，我也很难认出来，但是那种情义是一直都在的。"在支教老师走后，他们就再没见过对方，有几年，他还常打座机和他们联系。近年来,他一直都在尝试寻找小朱姐的联系方式,他说的小朱姐叫朱怡敏,是第三届素质班成员,担任第一届贵州支教队队长。他对小朱姐印象特别深刻,感觉小朱姐就像他的亲姐姐一样。在加上小朱姐的微信后,喻庭波把她的微信置顶,生怕错过她发来的信息。

喻庭波是一个很真诚的人,无论是对待家人、朋友,还是对待自己的顾客,他都认认真真。在家里,他是孝顺的儿子,是有责任感的丈夫,是疼爱孩子的父亲;对待顾客,他真诚友好,顾客都很信任他;对待远道而来的贵州支教队和回访队队员,他会很干脆地开近一个小时的车送他们去麻江重访旧地,他会很豪爽地请大家吃火锅。在和他接触的过程中,回访队队员们越来越觉得喻庭波的生活被他过得充满希望和乐趣。从他的身上,回访队队员们更深刻地理解了"知识改变命运"这句话,知识并不局限于课本、试卷与校园,它无处不在,生活中处处是知识,只有有心,就能学到一些。在喻庭波身上,回访队队员们看到了他对修车行业的热爱,他坚持在这方面不断学习,也在脚踏实地中改变着自己的命运。

"投我以木桃,报之以琼瑶",喻庭波犹如这句古语的生动再现,深刻地诠释了感恩之心所带来的宽慰与力量。在与回访队的交流中,喻庭波多次提及"感恩"和"真诚"这两个词。他坚信,那段参与支教的宝贵经历,就如同人生道路上一块坚固的基石,无论在哪个阶段,都能为他提供源源不断的动力。

看到喻庭波的生活状态,听他说了那么多,回访队队员们的内心不禁有了强烈的自豪与骄傲。回访队队员们终于理解素质班多年如一日对支教事业的坚守,正是这份坚守,让这些曾有交集的人时过多年依然亲密无间。当初的小小少年,已经能够肩负家庭重任和社会责任;曾经的支教老师,也已在不同地方扎根;支教队的新老师们虽然显得有些青涩,却都满怀热忱。素质班的支教活动从未停歇,它依然在每年夏天书写着感人的故事——无论何时何地,相遇与重逢都显得无比珍贵;改变与突破无论何时开始,都不算太迟。接受过支教的孩子、参加过支教的老师,都渴望能跨越时空,回到麻江,回首曾经的岁月,回望曾经的自己。

王正渊：成长蜕变与感恩回馈

王正渊，就是笔者在前文提及的那个让第一届贵州支教队队员李胜特别关注的男孩。他从初中起，便接受了支教助学服务中心的持续资助。在他的求学历程中，从中学、大学毕业，直至步入社会，素质班不仅在物质层面给予其有力支持，而且通过定期邮寄素质班班刊《大学记忆》和其他图书等方式，密切关注并引导他的个人成长，为他提供了不可或缺的心灵慰藉与精神支撑。

王正渊始终铭记素质班的无私援助，并怀揣感恩之心。当得知素质班计划组织回访贵州麻江的活动时，已在深圳工作的他热忱地提议将自己的居所提供给支教队队员们作为落脚点，以实际行动回馈并支持贵州支教队的回访行动。以下这封饱含深情的信，正是王正渊从深圳寄出的，他在字里行间流露出对素质班和家乡的深切挂念。

王正渊的来信

我叫王正渊，来自贵州省黔东南苗族侗族自治州麻江县金竹街道六堡村新寨组（原麻江县杏山镇仰古村新寨组），现就职于深圳市美景环境建设科技有限公司，从事景观设计工作。

不知不觉间，我大学毕业已有三年，回顾自己这一路的求学、工作经历，我忍不住心生感慨。我家住黔东南苗族侗族自治州僻远乡里，交通闭塞，经济落后；我年幼时，家境贫寒，父母离异，我由奶奶和叔叔抚养长大。得益于家庭尊师重教，我自小便对学习有浓厚的兴趣，也是因为这个原因，我一直保持着相对优异的成绩。

说起与素质班的结缘，我已经不记得是初中几年级发生的事情了。起初，支教老师下乡家访，对我家的情况有了一定了解，加之他们家访的时候语言不通，我有幸作为翻译成为素质班的一员。在此期间，我对素质班有了初步了解。

幸运的是，素质班的李胜、梁祖德和赵俊涛给了我很多关心。首先，他们在经济上解决了我的困难，会每年定时给予我资助，年级不同，资助金额也不同，基本上是逐年上升；其次，他们经常给我打电话，帮我解决生活、心理困扰，给了我至亲般的关爱；最后，也是最重要的一点，他们给我寄了很多书，这些书种类丰富，主要是文学书、心理教育书以及素质班班刊《大学记忆》，它们伴随我度过了整个中学乃至大学时代。起初，我看书也只是出于兴趣和感激，但是后来我慢慢意识到，这些书籍对于我的心智、学业和人格产生了深远的影响。最大的影响，应该是培养了我在面对艰难困苦的时候保持积极的心态，以及对于任何事物都保持思考的能力。或许这就是知识和文化的魅力，它并不能立刻改变你，但会慢慢使人变得优秀。

高考成绩揭晓，我幸运地过了贵州大学的录取分数线，进入贵州大学读书。也是在高考之后，我开始了打工生活。我利用寒暑假，去过厦门、珠海、深圳打工，还到过武汉，在武汉的时候，我见到了宋健老师和很多素质班成员。我打工赚到了钱，再加上素质班和社会各界爱心人士的帮助，自高中毕业开始，我就不曾从家中拿过零花钱。虽说生活简朴，但能满足基本生活需求。

大学毕业之后，我在贵州应聘了几家单位，但在待遇、预期成长空间、环境等各方面都一般。素质班的赵俊涛建议我去外面闯一闯。于是，在实习了几个月后，我终于决定离开贵州，同年九月份，我来到了深圳。作为大城市，深圳确实有着很多优势，它为形形色色的人群提供了多元化的机遇和平台。在这片土地上，社会的整体精神面貌积极向上，人们的思想观念持续进步，我的视野也日益开阔，我觉得深圳确实是一座适合奋斗的城市。对比我的大学同学现在的情况和我当年在贵阳生活、工作的经历，我明显感觉到在深圳待了三年，我在知识、技能、认知、格局各方面都有了成长。

回望我的成长历程，我忍不住感慨万千。与很多寒门子弟一样，我自小就得到了很多经济资助，但是真正改变我的，还是素质班全方位的帮助，无论是经济上的资助，还是心灵成长方面的指导。今日的

> 我，更是一个幸运的人，因为我所拥有的是素质班整个团队的支持，这也让我在生活和工作中的自信心更加强烈。作为一个年将而立的人，目睹了曾经和我一样从贫穷家庭走出的孩子的人生轨迹，我觉得不能仅仅把贫穷定义为物质生活资料的匮乏。很多时候，钱只能解决物质问题，却并不能引发质变，这或许是素质班强调授人以鱼不如授人以渔的缘由吧。
>
> 时至今日，我依然保持着和三位大哥以及素质班的亲密关系。作为普通人，或许我努力过后依旧平凡，但社会和家庭给予我的养料使我相信人需要学会感恩、不忘初心。或许，这就是我依然和素质班保持联系的原因吧。我也希望这种联系能一直延续下去，直到我也成为那个助人者。
>
> 今日的我，务实朴素，或许这是很多寒门子弟都拥有的特质。所谓人才，是人也是才，首先得是心理健康、性格良好、价值观正确的人，我也希望与我类似的寒门子弟们拥有更好的心态和性格，一起为自己、为社会做出应有的贡献，实现我们各自的人生价值，成为国家、社会需要的人才。
>
> 感恩素质班，祝福素质班人。

谭戌艳：夏日花开，播种未来

谭戌艳家住湖北省恩施土家族苗族自治州巴东县姜家湾，她是素质班第一届、第二届、第三届巴东暑期夏令营的学生，也是巴东第一批受支教助学服务中心资助的学生。2022年，谭戌艳考入中南民族大学，就读汉语言文学专业。同样，在2022年暑假，她从当年夏令营的一名学生，转变成为第五届巴东支教队的队员，实现了她一直梦想的爱心接力。

谭戌艳与素质班支教队的故事很长。故事的开端，还要从素质班开辟巴东支教队的那一年讲起。

2017年盛夏，第一届巴东支教队来到清太坪镇姜家湾，陌生的环境和艰苦的条件让他们虽有所准备，却也感觉措手不及，摆在他们面前的首要问题就是住在哪儿。第一天晚上，支教队队员们将教室的乒乓球桌拼在一起，凑合睡了一晚，但他们知道，这不是长久之计。正当他们为住宿发愁时，谭戌艳一家人伸出援手，十分慷慨地将自家刚装修好的新房子免费提供给支教队队员们住，他们一家人则住在旁边的土房子里，这为支教队解决了住宿难题。支教队队员们晚上经常和谭戌艳一家人坐在院子里乘凉、喝茶、聊天，在彼此增加了解的同时，他们之间的距离也逐渐拉进。

2018年夏天，第二届巴东支教队再次到达姜家湾，谭戌艳一家人再次热情地邀请支教队队员们住在自己家。支教队队员张聪和谭戌艳志趣相投，他们晚上经常一起坐在院子里，在浪漫璀璨的星空下，一边听歌，一边畅谈，支教结束后，两人也一直保持着联系。张聪回忆道："在巴东的时候，我很喜欢吃当地的猪肉，所以谭戌艳每当过节吃当地的'猪肉宴'时，都会和我分享。她还给我寄了薯片。谭戌艳是一个很体贴、很会照顾人的孩子，虽然年纪小，但在很多事情上比我们还显得成熟稳重。巴东的生态环境很好，我经常会遇到一些大蜘蛛和各种叫不出名字的虫子，我很怕，每次都是谭戌艳帮我把它们赶走。"谭戌艳在读初二时，就和张聪说起以后到武汉读大学的想法，想要去一个离家不远又还不错的学校，武汉自然是最佳选择。早在那时，谭戌艳就在心中种下了一颗小小的种子——走出大山，到外面的世界。

转眼到了2022年7月，即将进入大学校园的谭戌艳也加入了素质班的支教团队，她说："这一点，我和妈妈的想法不谋而合。"在谭戌艳的妈妈看来，谭戌艳以前多次参加了素质班的暑期支教活动，得到了大家的帮助，现在她有能力了，也应该做一些力所能及的事，这是一种传承。谭戌艳妈妈朴素的话语中饱含着真诚。谭戌艳自己也说道："我觉得，这几年素质班支教活动最重要的意义在于，哥哥姐姐们的到来拓展了我们这些偏僻地区孩子的视野，引导我们认识到自己的价值，让我们想要通过努力成为自己的太阳，同时也将太阳的这份光亮和温暖给予更多人。"

2017年9月至2022年2月，第二届素质班成员郑琪和第三届素质班成员王欢先后对谭戌艳进行资助，累计金额9000元。对于这份真情，谭戌艳说：

"纵使我们素未谋面,纵使隔着几百公里的距离,穿越茫茫人海,我仍然能够感受到姐姐们给予我的温暖。我是这大千世界中很普通、很平凡的学生,心中怀揣着炽热的梦想。她们的帮助为我的梦想注入了无限可能,使我在逐梦路上更加勇敢无畏。在此,我要表达我最由衷的感谢,感谢姐姐们的无私与奉献,让我的成长之路开出花来。在过去的几年里,我一直在不断努力,不断进步,为未来而奋斗着。幸运的是,我也成功地获得了进入大学读书的机会。日后,我将继续拼搏,成为优秀上进的人,然后将这份伟大的爱与温暖传递下去,让世界更加温暖,更加美好!"

谭戌艳的感悟

我叫谭戌艳,我和素质班的邂逅要追溯到2017年那个炙热的夏天。那时候,我还是个稚气未脱的孩子,所向往的是平淡自由的乡野和电视上循环往复播放着的电视剧。时移世易,冬去春来,那时的我在成长的过程中对于未来和人生并没有太多希望和憧憬。

年少时的我对支教队的到来是怀有敌意的。那时候,我和其他孩子一样,热爱自由和洒脱,希望能够度过一个没有作业、只有玩耍的美好暑假。我的父母不希望我在家里虚度时光,于是我很不情愿地被父母带到支教点报名。到了支教点之后,我们无意间得知支教队的哥哥姐姐没有住处,只能睡在姜家湾小学的乒乓球桌上。在巴东,即使白天是万里无云的大晴天,由于昼夜温差大,晚上我们还是能感觉到阵阵凉意。支教队有几个哥哥姐姐因为晚上睡觉着凉而感冒。父母实在不忍心看到哥哥姐姐们如此辛苦,便向他们发出诚挚的邀请,让支教队到我们家暂住。

这是我人生中因为支教队的到来而学到的第一课,不过,这节课是父亲教授给我的,他的言行让我明白,善良和真诚是人生的必修课。我在哥哥姐姐们的笑容中,感受到了爱的温暖,这种爱是一种伟大的、不计回报的大爱。我内心对支教活动的敌意也在他们甜蜜的笑容中消失得无影无踪,取而代之的是敬意与感谢,感恩的种子也就在此时藏进我的心底，我懂得了爱的传递是如此重要，如此有意义。人的一生不仅是为了自己，而且要在能力范围之内帮助更多的人，这是关于爱的教育，这在我看来是很美好的。

而后，我怀着感恩的心参加了素质班的支教活动。我是个乐天派，活泼好动，于是我很快就融入了这个陌生的集体。我还记得，那时候我最喜欢的是龚艳姐姐（第七届素质班成员、第一届巴东支教队队员）的音乐课，她温柔的眉眼时常会浮现在我的脑海中，支教队的队歌《没有什么不同》便是她那时教会我唱的。在那短短的20多天时间里，支教队为我提供了展现自己的舞台。我勇敢地站上了讲台，唱了喜欢的歌，后来的我甚至敢于参与报纸T台秀。在结业典礼上，我还和陈卓越哥哥合唱了歌曲《最美的太阳》。里面有句歌词"你的笑，你的泪，是我筑梦路上最美的太阳"，用来形容我对支教队的情感再确切不过了。这是支教队教授给我的第二课，让我变得自信，使我拥有了敢于把握机遇的勇气。怯懦和自卑已经远离了我。于是，在后来的几届支教活动中，我总是积极参加。

米兰·昆德拉曾说："对不朽来说，有小的不朽和大的不朽。小的不朽是指一个人在认识他的人的心中留下回忆；大的不朽是指一个人在不认识的人的心中留下回忆。"支教队的到来在我的人生中便是大的不朽，那些美好的片段像一朵朵洁白如雪的茉莉，在我心中灿烂地盛放，散发着淡雅的香味。正如泰戈尔说的："我们如海鸥与波涛相遇似的，遇见了，走近了。"这是支教队教给我的第三课——只有珍惜相遇，我们才能领略人生路途中不同的风光。素质班的支教活动使得我们建立了深厚的情感联系，我和许多届的素质班成员到现在依然保持联系，我始终觉得这种情感交流是我的青春记忆中最浪漫的部分。我喜欢看书，喜欢散文恬淡优雅的叙述，热衷于现代诗歌中隐晦缱绻的情感，沉湎于小说人物跌宕起伏的一生。这些年里，我收到了很多哥哥姐姐送给我的书，特别是梁祖德，他每年来看我时总是送我一本书，还在书的内页写下他对我的祝福。对于爱书的我来说，这自然是一件令人感到幸福的事情。

德国哲学家雅斯贝尔斯曾对教育的本质做了阐述：教育意味着一棵树摇动另一棵树，一朵云推动另一朵云，一个灵魂唤醒另一个灵魂。我时常感慨，我是如此幸运，能够成为被推动的那朵云。支教队为我打开了一扇通往外面世界的大门，我了解到，原来世界不只有连绵起伏的高山和硌脚的石子路，还有数不尽的繁华和惊喜。我应该怎样度过这一生呢？支教队的到来给了我答案，人生不设限，我们要敢于为了未来而奋斗拼搏，去追寻人生最亮丽的底色。正如支教队队歌所唱到的那样，"只要为了梦想不服输，再苦也不停止脚步"。我坚定信念，一定要永葆热情和好奇，通过自己的努力去看看外面的世界，感受诗和远方。高中生活无疑是困顿枯燥的，每当我坚持不下去时，支教队总是会给予我无穷无尽的力量。素质班的郑琪姐姐（第二届素质班成员）和王欢姐姐（第三届素质班成员，第四届素质班过渡负责人，第二届贵州支教队队员）对我的资助一直持续至今，我非常感谢她们，她们的帮助与无私奉献为我的梦想注入了无限可能，使我带着坚定的信念走进了高考考场，也顺利地进入了自己心仪的大学，感受到了梦寐以求的幸福。

转眼到了2022年的夏天，我已经从原来的小朋友成长为一个大孩子，即将步入大学的我也想为素质班的支教活动贡献力量。我的母亲告诉我："这是一种传承，你以前参加，受益匪浅，现在也到了奉献的时候。"于是，我申请加入第五届巴东支教队，成为一名助教。在张延哥哥（第九届巴东支教队队员，第九届素质班成员）把服装交到我手上时，就在那一瞬间，我感受到了一种神圣的责任感。我与支教队的哥哥姐姐一同做饭，一起做调研，关于支教队曾经提到的翻山越岭的苦楚，我真真切切地感受到了，也更加懂得了支教的不易，打心底感谢他们愿意跋山涉水来到巴东支教。他们用无私奉献谱写了不朽的赞歌。从学生到支教老师身份的转换，让我感到了支教的重要性。

第一届巴东支教队来的时候，我的姐姐还没有结婚；第五届巴东支教队来的时候，我的姐姐已经有了一个不满一岁的宝宝。我想，或许再过几年,我的侄女到了上学的年龄时,素质班的支教活动依旧会在姜家湾开展,她或许也能见证素质班支教队的发展。

今年的立秋还未到来,我却已经开始期待明年的夏天了。因为素质班,我爱上了夏天。素质班在我心中播下了许多种子,现在它们陆续开出了花。我永远感谢素质班支教队的哥哥姐姐赠予我心田的那一片花海,我也永远憧憬和期待我们未来的相逢。我衷心期待素质班支教队的精神和初心薪火相传,永不泯灭!

第四章

烛照远方：支教的社会影响与启示

第四章 烛照远方：支教的社会影响与启示

支教是一团照亮爱与希望的光，每一位支教志愿者都在努力追随光，不懈靠近光，渴望成为光，最终散发光。他们怀揣理想，在寻找光的路上，展开羽翼去托举他人实现梦想。这一路上，从艰难起步到接力守望，在14年中，素质班人一起见证了无数个体生命的转变，也为偏远地区的教育事业注入了正能量。

支教队的脚踏实地与一片赤诚，吸引了更多人的关注与参与，他们中有的人连续多年加入支教队，有的人默默守护着支教队的成长，他们都以不同的方式参与其中。走近这群支教志愿者，我们就能知道更多故事，就能见证那些充满光芒与力量的时刻，就能感受和领悟他们关于支教的思考与行动。一点微光，也能成为火炬，终将照亮远方。

第一节 王佳优：从踌躇到坚定

王佳优（见图4-1）现在是中共麻江县委组织部的干部，原麻江申信小学的校长，素质班贵州支教队最早的联络人，麻江当地第一个接受大学生支教活动的小学校长。多年以来，他持续关注和支持素质班的支教活动，帮助素质班支教队联系支教点，是素质班与贵州支教点之间的牵线人。

图4-1　王佳优校长（后排左二）与支教队队员合影

素质班与王佳优校长的结缘源于梁祖德。2007年，作为湖北经济学院唯一一名响应西部计划的应届毕业生，梁祖德来到贵州省，并被分配至麻江县发展和改革局工作。正是在麻江县工作期间，梁祖德有幸见到了申信小学的校长王佳优。王校长以其豪迈大气的性格赢得了大家的尊敬，他与梁祖德的相识成为连接素质班与贵州麻江的起点。

2010年，梁祖德参加素质班五周年聚会，在谈及毕业后在贵州麻江参与西部计划的经历时，素质班创始人宋健老师和素质班第一届成员赵俊涛萌生一个想法，那就是素质班可以去贵州开展支教活动，并委托梁祖德负责联络事宜。

在电话沟通中，梁祖德向王校长详细阐述了这一设想，王校长听后毫不犹豫地表达了支持，尽管那时在麻江县尚无大学生支教的先例。基于对梁祖德的信任以及对支教价值的深刻认同，王校长毅然决定在他所在的申信小学率先开启接纳支教队的大门，使该校成为当地第一所开展支教活动的学校。身为校长，王佳优在此次支教行动中肩负着重大责任，尤其是假期里学生们和志愿者们的安全问题，这是他在支教筹备以及实施过程中最为挂念的事情。在后续的支教活动中，王校长更是倾注了大量的精力与心血，以确保活动的顺利进行。

在之后的几届支教活动中，由于当地小学的撤并，素质班支教队并没有固定在一所学校开展支教活动。因此，自2010年起，借助王校长的牵线搭桥，素质班支教队除了首站的申信小学之外，还逐步将支教范围扩展到了青山小学、小堡小学、共和小学、龙山小学以及乐埠小学等五所学校。可以说，正是得益于王校长的努力，素质班的支教事业才能够更为顺畅地推进。也正是在多所学校的支教经历中，素质班结识了包括韦运霞校长、赵华甫校长在内的多位当地教育界人士。通过与这些教育工作者建立联系并深入交流，支教队更全面地掌握了当地教育环境的真实状况，支教更有针对性，也更能落到实处。

虽然之后由于学校撤并等原因，素质班支教队没能一直在王校长所任职的学校开展支教活动，但在其他学校的支教活动中，王校长的身影依然随处可见。第一届支教活动中，王校长出席了军训营的开营仪式和结业仪式，并做了发言，他在发言中表达了对素质班支教队的肯定与感谢。日常，王校长会为支教队调研组带路，会关心支教队活动的开展情况，会为支教队讲解当地的情况。在第二届支教队到来的时候，王校长热情地邀请支教队一起品尝当地的特色火锅。王校长还积极地参加素质班支教队的交流会，为支教成员答疑解惑，也正是通过王校长，支教队对于开展支教活动有了勇气，也更清楚当地的孩子真正需要的是什么。在麻江，一个很突出的问题是当地留守儿童太多了，很多孩子缺少父母的关爱，学校管理起来也比较困难。虽然学校老师也做出了努力，但还是弥补不了家庭教育及父母关爱的缺失。王校长曾对支教队说："支教对你们大学生而言是一个提升自我的机会，对我们这里的孩子而言更是具有非同寻常的意义。希望你们能一直坚持下去。"

日常生活中的王校长，是一个不善言辞但内心情感丰富的人。他真诚地对待每一届支教队，用心去帮助支教队，用心去对待每一个人。虽然后来工作有了调动，但他仍然会在素质班举办回访活动的时候热情地接待回访队队员，带大家去河边钓鱼，欣赏贵州的风景，和之前一样始终陪伴着素质班。对于工作，王校长更是一个干一行、爱一行、专一行的人，无论是年纪轻轻就任职小学校长，还是后来从事基层工作成为驻村第一书记，他都对工作表现出了无比强烈的赤诚与热爱。

素质班能够顺利地连续十多年在麻江开展支教活动，离不开像王佳优校长这样的当地教育工作者的支持和帮助。从犹豫到坚定，他见证了素质班十多年来的坚守，越发坚信支教能为山区孩子们带来改变与力量。王校长深信，爱与教育的力量拥有无法估量的价值。在支教活动中，哪怕是一个看似微小的举动，实际上也有可能为一个孩子乃至他的整个家庭播下希望的种子，为其未来创造新的可能。也正是这种信念，促使像王校长一样关心教育、关心孩子的人与素质班紧密合作，共同推动支教事业的发展，携手为经济困难地区的孩子们创造更广阔的学习和发展空间。通过他们的共同努力，支教活动不断深化，影响力逐渐扩大，实实在在地改变了无数山区孩子的命运，也为当地的教育扶贫工作注入了源源不断的活力。

第二节　韦运霞：让每一朵花都精彩绽放

韦运霞（见图4-2）曾经是2015年素质班第六届支教队所在的支教点共和小学的校长。经素质班贵州支教联络人王佳优校长的介绍，韦校长非常认同素质班的教育理念，支持素质班的贵州支教活动，每年都热情地欢迎素质班支教队队员们的到来，并作为联络人为素质班寻找受资助的学生。后来，韦校长被调到官井湖社区麻江县第三小学（简称麻江三小）工作，她非常关注素质教育，"让每一朵花都精彩绽放"成为她的教育宣言。

官井湖社区是麻江县最大的易地扶贫搬迁安置点。麻江三小就位于官井湖社区，而学生也大多来自安置点的经济困难家庭。这所在脱贫攻坚背景下建立起来的小学，走出了一条独具特色的办学之路。

走进麻江三小的校园，我们会惊讶地发现，校园里的每一个井盖都有各式各样的涂鸦（见图4-3），这些都是学生们自己充分发挥想象力创作的。有的井盖被画上了学生们最喜欢的卡通人物，有的井盖被画上了倡导保护环境的创意漫画，许多创作者还为作品配上了文字说明。为井盖涂鸦不仅锻炼了学生们的想象力和动手能力，而且能让他们在涂鸦的过程中获得满足感和归属感。在麻江三小，类似的活动还有很多，比如美术课上学生在玻璃瓶上作画，为学校设计包装袋，用当地山歌传唱古诗，在公园里办美术作品展，等等。

图4-2　韦运霞（左一）

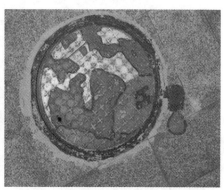

图4-3　井盖涂鸦

正如心理学家阿德勒在《自卑与超越》中写道的，一个人对外在的兴趣是需要培养和练习的。麻江三小为这些山区的孩子们搭建了一个平台，让他们有机会参与各式各样的活动，了解这个多姿多彩的世界。当孩子们对于某个事物充满兴趣，他们幼小的心灵便有了对未来的那一份憧憬，这对于一个住校比例接近60%、大多数学生来自经济困难家庭的小学来讲是无比重要的。麻江三小的难能可贵之处，正是它利用有限的资源走出了一条落后地区看似不可能选择的素质教育之路。而这一切都要从校长韦运霞和她的执教经历说起。

乡村教育的另一种可能

韦校长对于素质教育理念的认同并非一蹴而就的。韦校长最佩服的人是丽江华坪女子高级中学的张桂梅校长。和张桂梅校长一样，韦校长能体会乡村教师的辛苦与不易，也明白与城市的孩子相比，山区的孩子很难享受到同样质量的教育资源。所以，山区的孩子只能用加倍的努力去争取一个未来走出大山的机会。韦校长非常关注素质班暑期在共和小学的支教活动，通过支教，她看到了乡村教育的另一种可能性，这也一直影响了她在麻江三小的办学理念。

2015年，素质班第六届支教队来到韦校长当时所在的共和小学。每天早晨，除了准备早餐的队员外，其他队员都会在操场上跑步。许多孩子也早早地来到学校。有的孩子会乖乖地跟着老师们一起跑步，有几个特别活泼好动的孩子则使劲跑到最前面，还嚷嚷着让老师们来追他们。在支教老师们花费心血准备的课程中，孩子们最喜欢的无疑是手工课了。在课上，他们拿着黏土，不需要老师给予太多指导，就能玩得不亦乐乎。每当有新的作品完成的时候，他们都会兴奋地喊老师过来看，还得意地向所有人展示自己的作品。孩子们的创造力是无穷的，他们利用简单的材料创作了很多作品，在作品中融入自己在生活中的所见所闻、所思所想。孩子们从一开始的胆怯羞涩，到日渐信任老师，最后与老师成为好朋友。课余时间，孩子们也愿意和老师们一起玩，有人会送老师一朵花，有人送自己在手工课上做的折纸，还有人拉着老师聊天。在这种氛围下，平时比较害羞、不爱说话的孩子也慢慢放开了，和老师们熟络起来。

在支教的过程中，这些山区的孩子们在老师们的陪伴下度过了一个不一样的暑假，他们通过多元的课堂学到了有趣的知识，见识到了不一样的世界。而老师们也从孩子们身上学到了很多，这些山区孩子带给了他们感动，也带给了他们不一样的对生活的理解。一场支教就如同一场奔赴，而共同成长就是这场奔赴最好的样子，而这也是韦校长的一次奔赴，使她对山区教育有了全新的思考。

在贵州绵延的大山里，多数年轻人为了维持生计选择外出务工，把孩子留在家里，很多孩子家距离学校很远，所以很多孩子从小学起就开始住校。在家庭教育常年缺失的情况下，他们幼小的心灵更脆弱，更需要陪伴，也更需要认识外面的世界。物质和精神世界的双重匮乏是山区教育所面临的严重困境。多元的课程能激发孩子们的好奇心，在他们在探索中培养兴趣和爱好。

带着这样的想法，韦校长在日常教学活动中借鉴了一些支教队的做法。比如，韦校长每天早上带着孩子们晨跑，让他们在奔跑中感受生命的律动，激发他们对于生活的热爱。他们坚持晨跑一年，在后来进行的麻江县小学生运动员的选拔中，韦校长所在的学校有30个孩子报名，其中22个孩子被选中，许多孩子因此获得了人生的第一张奖状。后来，韦校长被调到龙山小学，她又邀请素质班支教队到龙山小学支教。在共和小学和龙山小学任教的过程中，韦校长通过不断的尝试，加深了对于素质教育理念的理解，也取得了不错的成绩。

大山里的花朵

北宋教育学家程颐曾说："学者必求师，从师不可不谨也。"在筹建麻江三小时，韦运霞校长就非常重视教师素质的培养和教师团队的建设。在建校初期，韦校长便组织所有老师参与"我与三小有个约会"活动，在活动上，每位老师都用画表达了自己对于麻江三小教育目标的设想，现在，这些画依然挂在麻江三小教学楼一楼的大厅内，激励每一位老师不忘初心。在麻江三小，所有老师都不需要打卡，也不用加班，对于有孩子的女性教师，学校还安排了护理假。在这样的工作氛围中，每一位老师都受到了尊重，也得到了关爱，大家干劲十足。为了解决学生回家后无人辅导作业的难题，韦校长决定延迟放学时间，让学生们在学校做完作业，真正做到不为学生留家庭作业，而老师们都非常支持韦校长的决定，很多老师主动留校值班，辅导学生作业。在麻江三小，门卫叔叔、食堂窗口的阿姨、宿舍的生活老师也都对学生体贴入微。"一个人可以走得很快，但是一群人才能走得更远"，韦校长对素质班的格言深有体会，她把学校所有人都团结起来，大家精诚合作，成为想要一起走得更远的一群人。

"让每一朵花都精彩绽放"是麻江三小的教育理念。一枝独秀不是春，百花齐放春满园。韦校长坚信，每一个孩子都如同一朵花，而每一朵花都有自己独特的美，都有绽放的权力。这些理念说起来不难，做起来却十分不容易。在麻江三小，每个班级都会栽种绿植，细心的孩子会承担起浇水和修剪的任务，擦黑板、扫地、办黑板报都由孩子们自己来完成，有不同特长的孩子都为班级建设付出自己的努力，孩子们的成就感就这样一点点建立起来。同时，韦校长通过联系本地的一些专业协会，为孩子们带来了美术、书法、摄影、体育等丰富的兴趣课程。韦校长笑着说："县里面的协会我基本都加入了，加入协会之后，我就只做一件事情，那就是想尽办法让协会成员为我们的孩子开兴趣课。"

麻江三小的素质教育理念还体现在很多活动中，比如组织学生每个月看一次电影，举办学生画作展览，号召学生积极参与体育竞赛，组织晨跑与夜跑，让学生以班级为单位建设班级文化，创作班歌、班级口号，鼓励孩子用山歌的曲调传唱古诗、在玻璃瓶上作画、为学校设计纸袋，为学生布置分级式的暑期作业，等等。

素质教育带来的改变

许多人也许会怀疑这些素质教育活动会影响孩子们的学习成绩，但事实打消了他们的顾虑。人们发现，在韦校长的带领下，麻江三小的学生在各方面都有了明显进步，考试成绩排名进入了全县前十，后来位居全县第四，麻将三小成为全县乃至全州办学的优秀案例。

在素质班与韦校长交流的过程中，她说得最多的一句话就是"我们只是在坚持做一件事情"。一个教育工作者最开心的事情，就是看到自己的学生成长成才，就如同她自从事教育工作以来一直未变的微信昵称"静待花开"一样，这种等待与守候正是韦校长最大的幸福。提起社会认可，韦校长常说的是，最重要的认可是来自学生和老师的认可。在麻江三小，学生们都称韦校长为"校长妈妈"。知道的人会感叹，麻江三小的学生们是最幸福的，而韦校长却说，能够让学生在课本知识之外找到自己的闪光点，她才是最幸福的。

第三节　赵华甫：支教是一副营养剂

赵华甫现任贵州省黔东南苗族侗族自治州麻江县杏山镇隆昌市中心街小学校长、党支部书记。他原是麻江县杏山镇六堡畲族女子学校校长，这是贵州省唯一一所少数民族女子小学，后撤并。他坚守乡土，研究如何传承畲族文化，被媒体称为研究畲族文化的"土专家"和畲族文化的守护人。第一届素质班贵州支教队在申信小学开展暑期支教活动期间，经王佳优校长引荐，支教队与赵华甫校长相识，从此结下深厚的情谊。赵华甫校长致力于传承畲族文化，为支教队队员的诚恳与毅力感动，持续关注和支持着素质班的支教工作。

"那里山不高，那方人家却住得很高"，"那方人家好苦，那方女人更苦，几千年来认不得一个字"……这就是赵华甫在散文里描述的麻江县杏山镇六堡村，这里也是他的家乡。自1989年起，他就扎根乡村教育，一待就是30多年。他在执教期间，培养出了40多名大学生，让六堡村畲族女童的入学率从23%上升到100%，保障了山村女孩受教育的权利。

赵华甫在家乡的小山村里教学，根植于畲族文化的沃土，对家乡和畲族有着深深的眷念之情。同时，他也看到，在外来文化的影响下，传承了几千年的畲族文化正在以惊人的速度流失：民族服饰少有人穿，也没有人做，民族歌舞少有人学，也没人跳了，有些孩子不会说畲族的本民族语言畲语了……

赵华甫着急了，于是他决定改变办学模式，把畲族文化引进课堂，聘请当地的民间艺人到学校传授畲族粑槽舞、芦笙舞、畲家歌和刺绣等畲族文化精华，吸收畲族女童入学，并在低年级开展畲汉双语辅助教学。在民族文化进课堂的过程中，他还自己编写了一本通俗易懂的畲族文化校本教材，在学校里作为辅助教材使用。他之所以这样做，目的是让学生既能学习先进的文化知识，又能了解自己的家乡、自己的民族。

2010年，素质班第一届贵州支教队听闻赵华甫校长扎根乡村教育和传承民族文化的事迹,在王佳优校长的介绍下,来到赵华甫校长当时所在的六堡畲族女子学校拜访。赵华甫校长向支教队介绍了家乡的风土人情,也不忘介绍畲族文化和六堡畲族女子学校的教育模式。扎根乡村教育多年,作为一线教育工作者,赵华甫校长对于教育的许多看法使支教队队员们受益匪浅,他对于乡村教育的热情也深深地打动了大家。后来,六堡畲族女子学校被撤并,素质班支教队也到杏山镇更加偏远的青山小学、小堡小学去支教,但他们每年都会拜访赵华甫校长。

多年来,每次拜访赵华甫校长时,支教队都会带上几本素质班的班刊《大学记忆》(见图4-4)。赵华甫校长曾说:"素质班支教队送了我《大学记忆》,里面的文章让我这个没有上过大学的人多了很多关于大学的记忆,也向我传递了大学精神,有了这种精神,我的教育工作、我的民族文化研究才会走得更远一些!"

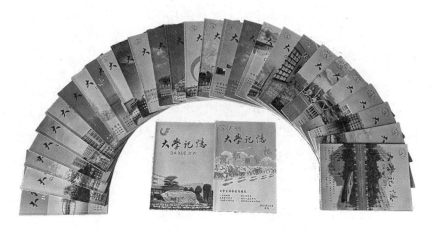

图4-4 《大学记忆》

一朵云推动另一朵云

素质班支教队的坚韧,为赵华甫留下了深刻的印象。随着全国各地大学生支教活动的蓬勃兴起,支教大学生的安全问题也被提上日程。当素质班支教队队员拜访赵华甫的时候,他就特别叮嘱大家一定要注意安全,担心队员们不熟悉本地的情况,也担心大家遇到安全问题。一番交流后,他才知道,素质班支教队队员和村里的孩子们已经很熟悉了，他们连杏山村最边远的上班山、下班山两个寨子都去过了，这种扎扎实实做事和难得的吃苦精神让赵华甫对素质班支教队有了新的认识。

素质班在贵州坚持支教十余年，赵华甫见证了素质班支教队为学生们带来的影响和变化。在他看来，支教队队员们的言传身教足以成为一门最生动的课程。赵华甫说，支教队来到这里，使这里的很多孩子有了信心，让他们相信只要自己付出努力，未来有一天自己也可以像这些哥哥姐姐们一样去上大学，去看一看更广阔的世界。和参加了支教活动的孩子交流后，赵华甫发现，很多孩子对支教活动一直铭记在心。参加过第一届和第二届支教活动的易双霞和易双秀姐妹，后来分别考入西南大学和贵州大学。直到现在，她们与赵华甫校长交谈的时候，也会常常提及素质班支教时发生的事情，还把她们与支教老师的合影拿出来给赵华甫看。

在赵华甫看来，支教的重点并不是教给孩子们丰富的文化知识，而是支教队在和孩子的接触中，使孩子们开朗乐观起来。如果没有支教队，整个暑假，他们每天接触到的只能是爷爷奶奶和村里的人，缺乏新鲜感的生活让很多孩子不愿意沟通，而支教队的到来，让他们平静的生活多了一些浪花，让他们多了很多期待。山区的留守儿童比较多，支教队也在一定程度上给了他们陪伴和关爱。支教的效果如何，并不是由支教时间的长短决定的，它的衡量标准，是身处其中的孩子们感受到了什么。

支教是一副营养剂

赵华甫认为，目前的乡村教育更像是一种"兜底"教育。"兜底"是什么意思呢？形象地说，就是保障农村孩子受教育的权利。对此，赵华甫曾做过一个类比："就像城里的孩子不仅有吃的，而且讲究怎么吃更营养、更健康；我们的孩子们虽然也有吃的，但谈不上那么多讲究，只能满足基本需求。"

支教队的到来，为孩子们提供了一副营养剂。素质班支教队坚持走进的，正是那些地理位置偏僻、经济困难的乡村小学；素质班支教队多年陪伴的，正是那些更加需要关怀和帮助的孩子。

一直以来，赵华甫校长都对素质班支教活动给予了高度认可。他说："你们要继续坚持下去，你们带来的东西，是我们这边很多孩子从来没见过的，这样就给了他们希望，也给了他们动力。不管在什么方面，需要我帮助的，我都会尽力帮你们，希望你们能带给孩子们他们以前没有享受过的快乐，欢迎你们！"

第四节 李洋：无穷的远方，起舞的生命

李洋现在是湖北省荆门市沙洋县沙洋中学的英语老师，曾是素质班第一届成员赵俊涛的老师。李洋因学生赵俊涛的成长成才而开始关注素质班，她非常认同素质班的教育理念和培养方案。2019年暑假，李洋赴麻江参加了素质班贵州支教十周年纪念活动。

直到今天，李洋依然记得那是2019年8月，在乐埠小学的操场上，素质班人聚在一起，庆祝素质班贵州支教十周年。

李洋坐在台下观看演出，学生们动人的舞姿、动听的歌声给她留下了深刻的印象。最让她难以忘怀的，是孩子们脸上洋溢的阳光和自信。他们亮晶晶的眸子让她仿佛看到了小时候的自己，那个曾经拥有无数梦想、常常倚着门框眺望远方的小女孩。远方令她神往，仿佛那里有她的梦想、希望和目标。孩子们在台上表演，更多人在台下忙碌，在这些人身上，李洋仿佛看到了教育本来的样子：好的教育，永远是双向的。好老师会教出好学生，好学生也影响着好老师，大家一起前行，做对社会更有价值的人。

从大学毕业时带着青涩与激情踏上讲台算起，此时的李洋已从教23年有余。如此冲动地从湖北荆门赶到贵州麻江，见证一个大学生支教团队的庆典活动，是她从前不敢想象的。而其中的转变，是因为她看到自己的学生赵俊涛的成长和变化，她因此重新燃起了对于教育的激情。

2018年，沙洋中学举办80周年校庆活动，全国各地的优秀校友纷至沓来。李洋特别欣喜地见到了20多年未见面的学生赵俊涛，看到自己曾经的学生已成为行业翘楚，李洋内心倍感自豪与欣慰。而赵俊涛的变化，也使她非常好奇他的成长经历，想要探寻他如此优秀的原因。赵俊涛在李洋老师面前一再提及宋健老师，说宋健老师把自己全部的爱、全部的时间都毫无保留地奉献给了学生。宋健老师时刻关心他们的学习，关注他们的健康成长。通过赵俊涛的介绍，李洋对素质班也有了了解。

第八届素质班开班时，正好李洋带着学生到武汉出差。她得知这个消息

后，立刻放下行李，安顿好学生，然后马不停蹄地乘坐出租车赶到湖北经济学院，出现在了素质班开班仪式的现场。那天，李洋一直和素质班成员在一起，大家虽然初次见面，却一点都不感到陌生，就好像久别重逢的老友一样亲切地聊着天。一直到活动结束，李洋才和素质班成员依依惜别。

初见《大学记忆》

回想起第一次从赵俊涛那里见到素质班二十条培养方案时，李洋认真研读，不禁为之叹服，一股敬意油然而生。从教多年，她见过无数方案、章程、制度，却从未见过这样的方案。素质班提出的"忙起来，学起来，快乐起来"的培养宗旨，旨在使学生在学好专业知识的同时，提高学生的综合素质，培养未来有竞争力、有幸福感的人。这个方案中没有遥不可及的目标，只强调学生从身边的小事做起，进而养成良好的习惯。二十条培养方案内容非常丰富，从身体锻炼，到习惯培养；从读书、观影、外出旅行，到写书评、影评、旅行感悟；从交友，到将优秀师长作为引路人和楷模，从他们身上学到书本以外的知识，再到每年写两封表达感恩的信；从学习歌曲、舞蹈的美育培养，到服务社会的公益行动……这一条条看似平淡无奇，在李洋看来，却散发着无穷的魅力。李洋相信，只要这个方案落实下来，就能培养出有能力拥抱光明未来的素质班人。

在《大学记忆》班刊上，李洋看到第八届素质班定于2019年2月25日早上6：20在校训石前集合，开展"开学第一跑"活动。她了解到，这是素质班的一项传统，看到很多已经从湖北经济学院毕业的素质班人也在报名参加在新学期举办的"开学第一跑"活动，她不禁为素质班强大的吸引力而折服。她知道，在如此有凝聚力的集体中成长，在如此全面丰富的活动中磨炼，难怪她的学生赵俊涛变得那么优秀。她也明白了为什么赵俊涛总在说宋健老师，在素质班成长的背后，是宋健老师长久付出的关爱与奉献。

李洋细细品读《大学记忆》中的一篇篇文章，那些散发着团结、向上、向善、向美精神的文字，都最好地诠释着素质班二十条培养方案的精髓。每一期《大学记忆》中都有优秀校友的访谈录，素质班成员与往届校友的交流心得，以及已经毕业的校友写的文章，这些正是培养方案第十条的体现——要向优秀的人学习，知道自己努力和前进的方向；有校友写给父母、老师、兄弟姐妹、同学的信——这是培养方案第十三条的体现；还有书评和影评，以及优秀书目和影片推荐——这是培养方案第七条和第八条的落实。李洋明白了，《大学记忆》是素质班人用身体力行和成长实践书写的，记录着每一个素质班人的成长轨迹。

起舞的生命

"这是一个强大的集体，是一个用生命起舞的集体。他们所展现出来的热情、爱心和凝聚力都深深地震撼了我。"在为素质班二十条培养方案发出赞叹时，李洋老师也在思索能否把它应用到自己的教书育人实践之中。

当时，李洋老师所带的高三学生刚经历了二月的月考，马上要迎来人生中重要的俗称"小高考"的三月调考（调考是"调研考试"的简称，主要用于考察学校教学能力和学生水平）。在思考如何更好地调动学生们的积极性时，她突然想到了素质班二十条培养方案的第五条，即每两个月举办一次演讲或朗诵活动。说干就干，李洋老师立即开始筹备，一场为高三年级学生准备的演讲活动就此拉开了序幕。

一开始，学生是胆怯的，没有一个人敢走上讲台。长期习惯于埋头做题，以及高考的压力，让学生们害怕当众大声讲话。为了鼓励学生走上讲台演讲，李洋老师便用她从学生赵俊涛那里得到的经验，告诉学生分享就是最好的成长，这是因为分享不仅会使自己变得更有勇气，而且能培养自己的语言表达能力及自信心，使自己获得成就感和价值感；分享也能帮助其他同学，大家可以从演讲者的分享中获取更多有价值的内容，大家彼此激励，共同成长。这样既能成就他人，也能使自己获得成长的有意义的活动，大家有什么理由拒绝参加呢？

学生们被李洋的劝说打动了，有几名学生跃跃欲试，氛围逐渐活跃起来了，同学们纷纷走上讲台，分享自己的学习和考试心得。他们声音洪亮，条理清晰，远远超出了李洋老师的预期。很多同学表示，演讲让他们受益匪浅，他们真心希望以后在重要考试前都能有这样的活动，大家一起交流心得，扬长避短，共同进步。

在将素质班二十条培养方案应用到教学活动时，李洋老师真切地感受到了学生的变化，这对学生有了促进作用，李洋老师自己也受到了鼓舞。

在远方，无数人都和我有关

时间回到2019年的夏天，回到麻江县乐埠小学。李洋老师不顾舟车劳顿，第一次来到这个遥远的地方。在乐埠小学举办的贵州支教十周年纪念活动上，她感受到了火热的激情，也感受到了素质班人的善良和活力。

在素质班支教募捐倡议中，她体会到了"舍得"这种大智慧。就像宋健老师说的那句话："我们知道，在远方，无数人都和我有关。对公益活动慷慨一点，时间会证明，你不会变穷，反而会赢得人心和加倍的回报，这就是古人所说的'舍得'的大智慧。"李洋老师感受到了素质班人的活力、积极、爱心与恒心，更加理解了众人拾柴火焰高的意义。

第五节　邵卫：托起梦想的翅膀

邵卫2005年从湖北经济学院电子商务专业毕业。2008年，他创立武汉长创电气设备有限公司，任总经理至今；2019年，他创立湖北墨晟建设工程有限公司，任董事长。邵卫因校友会与素质班第一届成员赵俊涛结缘，认识了素质班创始人宋健老师与梁祖德，成为素质班成员。2019年夏天，他带着还在读小学的儿子前往贵州麻江，参加素质班贵州支教十周年纪念活动。正是这次相聚，使邵卫与素质班支教队产生了奇妙的缘分，在乐埠小学的所见所闻让他愈发坚定地成为素质班及支教队忠实的朋友。

2019年夏天，邵卫收到好友赵俊涛发来的一封邀请函，那是素质班贵州支教十周年纪念活动的邀请函，活动地点位于麻江县乐埠小学。邀请函封面上印着这样一句话："从一个人到一个团队，越十年光阴，行八千里路。"这句话引发了邵卫的思考：这究竟是一个什么样的人，一个什么样的团队？这个团队坚持着什么样的梦想，做着什么样的事？通过赵俊涛的介绍，邵卫了解到母校素质班这个社团，结识了宋健老师，一直对素质班这个团体以及其所践行的二十条培养方案有着浓厚的兴趣和强烈的好奇心。恰逢素质班举办贵州支教十周年纪念活动，他决心带上自己还在读小学的儿子一同应邀前往贵州，去见证这场活动，也去解开他心中的疑惑。

直到他来到乐埠小学，三天的亲身体验让他好像突然找到了答案：宋健老师和这个团队默默坚持了这么多年，他们用自己的行动阐释着青春的意义，他们用不懈的坚持帮助那么原本并不认识的人，为一群大山里的孩子播种希望，传递梦想。

在到贵州之前，邵卫对支教活动的了解不多，他只知道这是由湖北经济学院素质班成员组织的暑期活动。他对支教也了解不多，他印象中的支教，就是正在读大一、大二的学生为山区的孩子们上课。但是，来到乐埠小学，他看到的却是另一番景象：每个支教队队员的身边都围着几个孩子，孩子们和队员几乎形影不离，队员教孩子们唱歌（见图4-5）、画画、做手工

(见图4-6)、演话剧、讲故事,陪他们打篮球、踢足球、打乒乓球、拔河(见图4-7)。孩子们玩得高兴的时候,会开心地扑到支教队队员的怀里,或者亲昵地搂着他们。现场的每一个人都能感受到这种亲密,感受到老师和孩子们之间的爱。这种看似普通的情感,因为空间的跨越、年龄的距离而显得格外珍贵。如果不是因为真诚,如果不是因为付出,这种亲密无间是很难想象的。邵卫坦言,他的心灵得到了一次彻底的洗礼。

图4-5 支教队队员教孩子们唱歌

图4-6 支教队队员教孩子们做手工

图4-7 支教队队员组织孩子们拔河

在乐埠小学,邵卫对爱与希望有了新的认识,在返程的路上,他用文字记下了自己的感受。他写道:"爱,是一种希望,但是它需要被传播,而这支由素质班成员组成的支教队正是这种爱的传播使者。在偏远山村,大部分孩子都是留守儿童，他们长期与父母分隔两地，长期缺乏来自父母的关爱。支教队的到来给了他们很多温暖与力量。当素质班支教队队员告诉孩子们，他们的支教活动即将结束，他们很快就要离开乐埠小学的时候，我看到所有孩子都满含热泪，支教队队员们也都哽咽地安慰孩子们，嘱咐他们好好上学，鼓励他们考上大学。此情此景让我彻底明白，希望对于一个人是多么重要，梦想对于一个孩子来说尤为关键，素质班正在做的事情，就是播种希望，传递梦想。这才是支教队真正的意义所在！"

面对这些充满热情与活力的学弟学妹们，邵卫对他们投身教育和公益事业的行为有了崭新的理解。尤其是梁祖德，他是支教队中的灵魂人物，他的示范作用和影响力使得支教行动从个人行为发展为团队协作，在宋健老师长达十余年的悉心指导与坚守下，支教队将支教活动坚持并传承下来，使更多人在精神层面得到了升华。

有一天午餐后，邵卫和支教队队员一起聊天，当他问大家最近在生活上有什么愿望时，大家异口同声地说："我们真希望能好好吃一顿肉啊！"邵卫听后不禁有些惊讶，经一位队员解释，他才知道，在山区驻扎的日子里，队员们每天吃的菜里很少有像样的荤菜。深受触动的邵卫决定用实际行动来关爱和支持这些为他人播种希望的支教队队员。次日清晨，他亲自驱车赶往附近的集市，采购了丰富的肉类。当天中午，在值日生的协作下，大家吃上了盛宴，看着支教队队员们满面笑容、十分满足的样子，邵卫心中泛起层层涟漪，这些勇敢追梦的年轻人正竭力为山里的孩子点燃知识的火种，也有人像他们呵护孩子们的梦想那样，给予他们支持和鼓励，让他们在帮助他人实现梦想的同时，也能借助丰满的羽翼飞向更高的天空。那么，是谁为支教队的这些学弟学妹们托起梦想的翅膀？

一天晚上，邵卫与好友赵俊涛以及宋健老师围坐在灯火通明的乐埠小学会议室里，就支教问题展开了深入的对话。窗外，群山环抱，夜色静谧，映衬得室内的讨论更加热烈深沉、发人深省。他们聚焦经济困难学生的资助问题，宋健老师的观点独树一帜。他指出，对于已经成年的大学生而言，资助更多地应体现在心理引导和人格塑造上；而对于那些在山区留守的经济困难家庭的小学生来说，物质援助必不可少，但更为重要的是情感上的关怀与精神上的启迪，唯有如此，素质班才能真正助力这些孩子们挣脱束缚，拥有放眼世界的机会，从而有更多机会改变命运。这番见解让邵卫恍然大悟，他意识到支教并非形式化的慈善行动，它承载着实实在在的教育使命和社会责任。

然而，现实生活中的种种牵绊使很多人难以长期亲自奔赴山区，直接为留守儿童实施长期有效的支持。在这样的现实困境面前，邵卫陷入了思索：究竟要如何做，才能更有效地支持素质班的支教活动？经过斟酌，邵卫找到了一个可行的方法，那就是资助素质班支教队。他认为，支持这批富有激情和理想的年轻人，为他们提供开展支教活动需要的资金，就如同为他们的梦想注入强大的动力，使他们能够更好地完成支教任务。

对于邵卫来说，这样的决定或许带有冲动的成分，但每每回想起来，他都觉得这个决定满载着真切的感动和深刻的领悟。在偏远宁静的乐埠小学，他沉浸在孩子们的天真烂漫中，被他们未经雕琢的赤子之心深深打动；同时，他也被那些远赴山村、无私奉献的支教队队员们深深感染，他们的善良与执着，如潺潺流水，洗净了他在繁华都市快节奏生活中积累的疲惫。在回武汉的路上，他暗自许下承诺，一定持续密切关注素质班这个团队的成长，以及他们所坚持的支教事业的发展。他知道，通过支持和关注这些年轻人，他自己也许就能以另一种方式参与这份崇高的事业，为更多的山区孩子照亮前行的道路，让他们的人生因教育而焕发光彩。

当素质班班刊《大学记忆》编辑部的同学为撰写人物志而采访邵卫时，邵卫提及他对短期支教的看法："短期支教还是很有必要的，因为总有一些孩子会记住这次不同寻常的经历，会因为支教队曾经播种的希望而对美好的未来心生向往，并矢志不渝地向前走。支教能触动他们的内心，激发他们的斗志，让他们把眼光投向更远的地方。持续二十来天的支教时间不长，但可能带给他们持续终身的影响。这种影响常常是隐形的、长期的，不能很快显现出来，需要时间去检验。我很感谢素质班人，他们的付出让我对这些地方有了更深刻的了解，也让我的孩子有了一次特别的体验。"

每年六七月份，素质班的暑期支教筹备工作都会紧锣密鼓地开展，支教助学服务中心会向公众募集资金，这些资金有两个用途：一部分资金用于购买支教队所需的物资，另一部分资金会直接给予受资助的孩子。邵卫成为其中坚定的支持者,他年复一年,不遗余力地参与募捐。正如他自己所言,每一笔捐款都是为了托起支教队翱翔的梦想之翼,确保素质班的支教接力得以继续前行。他的爱心与热忱,化作涓涓细流,汇入助学洪流之中,使得这份源自心底的关爱与期盼能在贵州麻江和湖北巴东延续,让更多渴望知识的孩子茁壮成长,助力他们点燃希望之光。

第六节　刘李勤和武骏节：支教与梦想

刘李勤是武汉的一位企业家，曾是素质班第一届成员赵俊涛的生意合作伙伴，是素质班贵州支教队历届最小成员武骏节的母亲。作为母亲，刘李勤最初是出于锻炼儿子独立自主能力的目的送他参加支教活动，武骏节第一次跟随第四届素质班参与支教活动时年仅10岁，第二次参加第七届素质班支教活动时13岁。在此过程中，除了见证儿子的成长，她本人对于乡村素质教育以及公益事业也有了新的感悟。

在一次商务活动中，刘李勤与素质班第一届成员赵俊涛相识。在交流业务的过程中，谈到自己的创业经历时，赵俊涛讲述了素质班的故事，特别提到了素质班在贵州连续多年的支教事迹。进入企业前，刘李勤也曾做过老师，因此她听得全神贯注，在内心深处对素质班的公益活动产生了浓厚的兴趣。深思熟虑后，她做出了一个大胆且满怀期待的决定，她打算让自己的儿子武骏节跟随素质班参加贵州支教活动，通过实践培养儿子的社会责任感与独立性。对此，素质班有过一丝犹豫，毕竟武骏节还是个孩子，长途跋涉和艰苦的乡村生活，他吃得消吗？经过几次认真的沟通，素质班接纳了这个小队员。

2013年7月，武骏节如愿加入素质班第四届贵州支教队，踏上了前往贵州省麻江县小堡小学的旅程。他是整个支教队伍中最年轻的成员，稚嫩的脸庞上写满了好奇，眼神中也流露出坚毅。当10岁的武骏节得知自己即将参与这次贵州支教活动时，他激动不已，仿佛找到了展示自我、释放能量的舞台。他早早地就开始为这次特殊的旅程做准备：在学校里，他用自己的学分换取了一批学习用品，希望能够为山区的小伙伴带去一些实用的学习工具；他还拿出自己积攒的零花钱，购买了一些开发智力的玩具，希望通过游戏激发小伙伴们的学习兴趣。此外，武骏节还抓紧时间强化自己的特长，刻苦练习最拿手的武术操和羽毛球，希望能和小伙伴们一起开展文体活动。他甚至已经开始畅想自己成为一个小老师的情景，并为此精心策划了一系列奖励机制，计划为那些表现出色的小伙伴送上奖品。作为母亲，刘李勤在一旁静静地看着儿子忙碌，心中满是欣慰与自豪。她看到稚嫩的儿子正以坚定的步伐迈向成熟，开始尝试用尚显瘦弱的肩膀担起责任，开始展现出一个男子汉应有的勇敢和担当。

刘李勤坚信，这次支教之旅将成为武骏节一次独特而深刻的成长洗礼，这样的成长经历无疑会成为母子二人生命中无比宝贵的一部分。3年后，也就是2016年7月，武骏节再度启程，这一次，他随同素质班第七届贵州支教队来到了麻江县龙山小学，续写了他在支教路上的精彩篇章。

在这两个悠长而又意义非凡的暑假，武骏节迅速成长起来。对于贵州山里的孩子来说，他无法承担教学任务，但他无疑是那些孩子最亲密的小伙伴。艰苦的条件磨砺了他的意志，支教队哥哥姐姐的示范向他诠释了奉献精神的真谛，山里小伙伴的相伴教他学会了关爱。所有这些，都深入他的心灵深处，成为无法抹去的成长印记。与此同时，远在家乡的母亲刘李勤，也对儿子的支教之旅有了反思与感慨，她看到了教育的多元可能性，也见证了儿子在奉献中的成长与蜕变。

刘李勤对支教的认识

我是一个离开教育工作多年、在商场摸爬滚打的单身妈妈，我有一双儿女，平时也非常重视两个孩子的健康成长。令我高兴的是，儿子武骏节有幸加入湖北经济学院素质班第四届支教队，前往贵州麻江开展支教活动。在此，我想和大家分享我作为家长的感受。

一、放飞梦想

孩子的第一任老师是父母，当孩子进入学校后，为他们传授知识的老师便成了除父母外孩子最爱戴、最崇拜的人。很多孩子梦想着有一天自己也能站到讲台上，在为学生们传授知识的同时，也享受着来自学生的尊敬。湖北经济学院素质班的同学们每年组织的贵州支教活动，不仅圆了同学们的老师梦，而且为山区的孩子们带去了新的梦想与希望。

当十岁的儿子得知可以参与这次支教活动时，他兴奋不已。看到他在学校利用自己的学分兑换学习用品，用自己仅有的一点零花钱买了智力拼图，还抽空练习自己表演得不错的武术操和羽毛球，并且想象着自己成为小老师，为那些表现好的"学生"发放奖品，我由衷地感到高兴。我感到儿子正在长大，正在用他稚嫩的肩膀，扛起他愿意去承担的各种责任，正在学习一个男子汉应该有的勇敢和担当。

湖北经济学院素质班支教活动已坚持了十多年。他们采取"老兵带新兵"的方式，由老队员带领新队员开展工作。队员们在湖北经济学院的校园里集中进行支教前的培训及准备工作，所有人都对支教工作怀揣着赤诚与热爱。

二、实现梦想

支教队队员们要坐十几个小时的火车，然后坐大客车、小三轮，最后步行，才能到达目的地。初到麻江，儿子用既新奇又高兴的口吻向我描述那里的情形：那里山清水秀，环境优美，饭是哥哥姐姐们自己做的，大家在茅房洗澡如厕，把课桌当床，晚上睡觉时有很多虫子相伴；那里孩子的家都离学校很远，他们之中既有调皮的孩子王，也有很懂事乖巧的小朋友；哥哥姐姐们分工授课，还要进行家访，但他们都没有怨言，我的儿子也会做一些力所能及的事情，帮助哥哥姐姐们开展工作，从中收获了很多快乐……听到这一切，我很欣慰，我感到儿子正在远离舒适的城市生活，学会了适应环境、克服困难，学会了帮助别人和与人为善，懂得了珍惜与坚强。

在山里生活的孩子，由于各方面条件的限制，教育资源较为匮乏，生活环境相对较差，支教队为他们带来了新的观念、新的知识、新的朋友，使他们的世界变得更加鲜活生动。他们向往着外面的世界，想象着外面世界的精彩，梦想着有一天能走出大山，也梦想着有一天再回来改造大山……支教队的行动，正是助力他们实现梦想。也正因为如此，支教活动才有了更深刻、更长远的意义。队员们也因为有过这样独特而有意义的经历而倍感骄傲与自豪，他们在帮助别人实现梦想的同时，也实现了自己的梦想。

三、反思

素质班坚持倡导素质教育理念，重视德育培养，关注孩子们的全方位发展。队员们相信授人以鱼，不如授人以渔，用自己的言传身教培养孩子们的社会责任感和家庭责任感，助力每个孩子健康成长，让每个孩子都能自由放飞自己的梦想。我的儿子在支教活动中成长很快，我在感到欣慰的同时，也由衷地钦佩素质班支教队。

第四章 烛照远方：支教的社会影响与启示

第七节　邢月月：山间那一轮明月

邢月月是素质班第三届支教队的成员。正是在素质班支教精神的鼓励和影响下，她做出了一个勇敢的决定：2014年，也就是毕业一年后，她到贵州省毕节市一个极其偏僻的山村开展了为期一年的支教。宋健老师得知了她的事迹后，感动之余，又有些放心不下，于是自费安排素质班第二届成员邓春华等人一起前往她所在的乡村小学去看望她。后来，邓春华写下了文章《山间那一轮明月》——邢月月就像那山间的一轮明月，在夜晚洒下迷人的光辉，赶走了黑暗。在毕节的大山里，邓春华与邢月月促膝长谈，在邢月月娓娓道来的讲述中，周围的一切似乎都安静下来。《山间那一轮明月》既是在写邢月月的故事，也是在写邓春华和其他素质班人对一些问题的思考与行动。

山间那一轮明月

我记得，高中课本曾经如此定义人：人的本质不是单个人所固有的抽象物，在其现实性上，它是一切社会关系的总和。很多年来，这句话都让我百思不得其解，可当我陷入各种复杂情绪而难以自拔时，我都会对此定义有新的理解。我们每个人都是独立的个体，同时也是这个社会链条上的一环，我们是父母的孩子，是老师的学生，是领导的下属，我们都是在各种角色的不断变换中逐渐成长起来的。要想真正地定义一个人，就必须认真地了解他的社会关系，只有这样，我们最终的结论才不至于有失偏颇。

此次的贵州之行，我便是带着这种态度而去，去看望我的老朋友，那个一直在感动着我的邢月月。我和她2008年相识，也正是那一年，我将她选进了第三届素质班。她默默地凭借坚持和努力，得以从第三届素质班结业，并成为第四届素质班的负责人之一。

在前往贵州的路上，我一直在努力回想我记忆中的她是什么样子，她似乎一点也不耀眼，甚至朴实得让我无法用那些充满褒奖的词语来简单地形容她。我只好从她的家庭情况开始回忆，梳理她在高中、大学直至现在的生活，通过这些，我才真正地认识那个真实的邢月月。

她出生于湖北省黄冈市一个普通的农村家庭，家里还有一个弟弟。她从小就是一个乖孩子，学习态度非常踏实，也很有进取心。她于2008年参加高考，后来被湖北经济学院录取。即便湖北经济学院当时只是二本院校，她也感到非常满足，因为能读大学对她而言已是无比幸运的事。俗话说，塞翁失马，焉知非福，如果她当初考取了其他高校，将注定和我们无缘，和素质班无缘。

进入大学后，她就成了班级里的组织委员。热爱学习的她经常往返于图书馆和教室，做着一个乖孩子应该做的一切，直到有一天早操结束，她收到了素质班成员递过来的宣传单，这彻底改变了她的大学生活。她告诉我，素质班对她最大的影响是让她开阔了眼界，她以前只知道好好学习，素质班让她开始认识更多朋友，开始注重锻炼身体，开始做义工，开始读更多的书，写更多的文章。最重要的是，她的生活因此而变得更加丰富多彩。

她告诉我，她之所以有支教的念头，是因为有一次在她和一位学长交流时，听说了学长支教的经历，素质班第一届成员梁祖德学长参与西部计划的行动更是让她坚定了这个想法。因为各种原因错过了素质班的贵州支教活动也让她感到非常遗憾，直到2013年，她终于做出了深入大山支教的决定。在这个决定的背后，真正的驱动因素是她对于大山里孩子们的挂念，是她对生活的热爱。

大学毕业后，她成功应聘了多家企业，但最终由于各种原因都没有入职，直到接到回到武汉创业的素质班第一届成员赵俊涛的邀请电话，她便和赵俊涛、梁祖德一起开始了最为艰苦的枫叶红宾馆的创业之旅。她在枫叶红宾馆承担前台、客房服务、做饭等各项工作。不久，她进入更需要人手的大学记忆文化传播公司，同时承担行政、财务、后勤等工作。即便如此，她也从未抱怨过。我问她为什么其他人不愿意干的事情她总是冲在最前面,她说这些都是她喜欢做的事情,她根本没考虑过要挣多少钱。有人可能会觉得她不太聪明,可就是这些和其他人截然不同的选择,以及她无欲无求、自在洒脱的活法,真正地打动了我,让我为自己的浅薄感到惭愧不已。此后,我格外珍惜她这个朋友。

2014年,她通过豆瓣了解了田字格助学(简称田字格)这个公益组织,便报名参加田字格举办的活动。后来,她又独自前往成都做了接近半个月的义工,并参加了田字格在上海举行的岗前培训,随后便孤身一人远赴贵州大山深处。我到了那里,才知道那里有多么偏僻。乌蒙山脉贯穿毕节市威宁彝族回族苗族自治县,从山脚下的威宁县城出发,坐两个半小时的客车,才能到达哈喇河镇的山边,然后徒步翻越六座连路都没有的大山才能抵达目的地。在这里,邢月月每个月只有1000元的生活补助,没有工资,每天中午和孩子们一起吃政府资助的三元一餐的营养餐,周末的三餐和周一至周五的晚餐要自己解决。这里没有网络,连打电话都要拿着手机到处寻找信号,没有专门为女老师准备的宿舍,因此她需要住在学生家里。

即便如此,她还经常自费为孩子们买些小礼物,用来鼓励和表扬他们。她反复跟我强调,她很享受现在的生活,一点也不觉得苦。当地的老师们都感叹她太过感性,对孩子们太和善,在平时的教学中很有想法,最喜欢翻山越岭去孩子们家做家访。就连单纯的孩子们都说,月月老师人太好了,所以才有些年龄较大的男孩会故意惹怒她,把她气哭。当我告诉她,我要去看她,并且要对她进行采访时,她一直跟我强调其实她做的是些很平凡的事情,她只想安静地来,等到支教结束后再安静地离开,不想被拿来宣传。但是因为事关素质班十周年纪念活动和第20期《大学记忆》的出版,她愿意配合我完成此次采访,但嘱咐我尽量不要去打扰孩子们的学习,更不希望我的到来干扰孩子们的心态。

我起初非常不理解她的想法,可是后来的多次沟通使我逐渐明白她的良苦用心。孩子们生活条件艰苦,他们从小到大都未过多地接触外面的世界。学校的建立和老师的到来暂时解决了当地孩子们的受教育问题，但是他们对我们这些远道而来的人仍然非常好奇，对于他们而言，过于超前的宣传和接触可能会打乱他们原本平静的生活。尽管这种假设并不一定会发生，但是她小心翼翼保护孩子们的用心可见一斑。

采访即将结束时，我还是将那个比较现实的问题抛向了她："为期一年的支教结束后，未来在哪里？"她很坦然地跟我说，她知道自己需要去工作挣钱，因为她未来还要成家，还要赡养父母。至于究竟去哪里，这些她都没来得及思考，她现在只想好好地珍惜和孩子们在一起的时光。

在返回武汉的路上，我一直在思考，这个女孩在一个并不富裕的家庭长大，她怎么会有勇气去做这些常人不愿意甚至不敢去做的事情？她为什么从来不在乎物质追求，而只是单纯地做自己喜欢和认为正确的事情？她的想法如此简单，以至于一些常人看来错综复杂、难以取舍的问题在她面前似乎也变得简单，正如她所言："我不关心别人如何对待我以及别人如何评价我，我用真心对待我的亲人和朋友，尽管在这期间可能会痛苦，会受伤，但是我可以过得踏实，也可以收获快乐，这就是我追求的生活。"

大巧若拙，大智若愚，你简单地看这个世界，这个世界就一定会简单地对待你；你用发自内心的爱去对待生活，生活肯定会回报你更深的爱；你为这个世界奉献更多，才能获得更多。要想获得内心的充盈，实现生命的价值，没有别的捷径，只能用善念去公平地对待这个世界，正如邢月月以及和她一起正在奉献的人们一样，他们必将获得更有价值的生命体验。

第八节　社会媒体：让正能量传播得更广

2005年3月，在宋健老师的组织和号召下，素质班正式成立。多年来，500多名素质班成员顺利结业，他们分布在各行各业、五湖四海，如今，有不少成员在不同领域里小有成就。

经素质班第一届成员梁祖德提议，宋健老师支持，素质班决定在贵州开展支教活动，自2010年开始，这场跨越湖北与贵州两地的支教活动坚持了十多年。最初，素质班去贵州山区支教时并没有太多经费支持，这些经费主要来自支教老师们的慷慨解囊，以及往届毕业生或多或少的捐款。支教队队员乘坐最便宜的绿皮火车硬座，历经长达14小时的颠簸，才能抵达目的地。住宿条件艰苦，在贵州山区小学支教点，他们住教室、睡课桌，忍受虫蚁叮咬，在艰苦的环境里，他们坚持了一年又一年。到了2016年，素质班进一步拓宽了支教范围，增设了位于湖北省恩施土家族苗族自治州巴东县的支教点，并且这个支教点同样延续至今。

当年点燃的那份微小而炽热的公益之心，犹如星星之火渐成燎原之势。这项持续十多年的公益活动，深刻地改变了众多参与者的生活——山区的孩子们得到了关爱和启迪，一批又一批支教队队员在实践中获得磨砺和成长，当地教育工作者受到了激励和鼓舞，社会各界人士的心弦都被触动。随着时光流转，素质班的支教事迹吸引了越来越多的媒体关注和社会赞誉，使得山区孩子获得了更加广泛的物资援助和支持。这场绵延数十载的爱心接力，无疑成为一段深入人心的教育历程，它见证了无数个体生命的转变，也为我国偏远地区的教育事业注入了强大的正能量。

《守望》：用微电影讲述支教故事

2017年9月，素质班的支教事迹被改编为微电影《守望》。微电影名字"守望"，不仅代表麻江的孩子们对于每一届支教队的期待，而且象征着素质班支教队扎根贵州麻江，对山区孩子们数年如一日的陪伴。纵然相隔千里，两个心中有爱的群体守望相助，温暖了很多颗心。

《守望》以湖北经济学院首位西部计划志愿者梁祖德以原型，主要讲述了他支援西部、留守支教，以及深受梁老师影响的当地孩子慕阳在关爱与激励中考上大学并反哺家乡的故事。

同年11月，第四届"金飞燕"海峡两岸微电影大赛在湖北经济学院举办，《守望》成功入围。有人对宋健老师说："看了《守望》，真羡慕你这么有意义的人生，作为一个使者，你能最大限度地激发学生心中的同情、善良和怜悯，并将这些本真的东西传递下去，你就是一位成功的老师。"

《守望》讲述的不仅仅是一名大学生的支教故事，而是引导大家思考支教所具有的力量。正如宋健老师在微电影《守望》交流会上所言："一定会有人疑惑，支教到底有什么意义。我想用自己的成长经历来说一说。在我读中学的时候，有几位大学生到我们贫穷落后的农村学校实习，正是这样一支充满活力的队伍、这样一群有知识的青年，让我们看到了另外一个世界，有了更加具体清晰的理想。我们的支教，也同样是为山区孩子带去外面世界的信息，在他们心里种下希望的种子。支教能给予的时间上的陪伴毕竟是短暂的，在知识的传授上毕竟是有限的，然而，有了憧憬和向往，孩子们内心的力量将是长远和无限的。同时，我们自己也在与孩子们一起成长，这是一件多么温暖而美好的事情！"

媒体报道：让爱传播得更广

支教是素质班人一直坚持做的事情。一届又一届素质班人心怀改变和提升自己的美好愿望，在实践中成长，也为山区孩子们留下了不一样的回忆。无数媒体关注素质班的支教事迹，更广泛的影响也随之产生。

2019年，恰逢素质班贵州支教十周年，《中国青年报》对素质班贵州支教事迹进行了一次较为全面且深入的采访。长篇报道《一个大学社团的十年山村教育试验》一经推出，就被人民网、中国经济网、凤凰网等多家媒体转发，在社会上产生了广泛的影响。另外，素质班贵州支教"引路人"梁祖德的公益故事也于2018年分别被《楚天都市报》、荆楚网报道。部分报道的信息如表4-1所示。

表4-1　部分报道的信息

媒体名称	报道名称	报道时间
《中国青年报》	一个大学社团的十年山村教育试验	2019年11月22日
《楚天都市报》	"德哥"八年奔走黔鄂做公益	2018年9月4日
荆楚网	湖北经济学院毕业学子梁祖德：十载公益行　为爱而奔走	2018年3月30日

《大学之道·奔跑的青春》：素质教育的一种模式

《大学之道》是由湖北省社会科学界联合会与极目新闻联合出品的纪录片，也是湖北省首档反映高校立德树人和大学生成长的系列纪实节目。该节目为季播，每一季推出六集，每一集聚焦一所湖北高校的优秀学生团体，从大学生的视角，记录他们在大学校园里的孜孜以求、在青春路上收获的光荣与梦想。第一季于2022年推出，节目中所展示的湖北高校育人成果与荆楚学子风采，在社会上引起了巨大反响，得到很多高校的积极支持。

正如《大学之道》节目组所言，大学是立德树人的重要场所，当全社会都在探索"大学如何办、大学生怎么学"时，围绕"立大志、明大德、成大才、担大任"展开叙述的《大学之道》或许能为这两大"灵魂质问"提供答案。第二季《大学之道》从细微处着墨，将镜头对准教室、实验室、社区、支教点、社会大舞台……刻画了一群有理想、有本领、有担当的青年人。这些青年人中，有人致力于将党的理论传播到更远处，有人选择在火热的军营中淬炼青春，有人为传承中华传统文化而甘坐"冷板凳"，有人则为高校素质教育改革开辟了新路径……观众或许可以从他们的意气风发与执着追梦中，窥见开放的大学、成长的青春、湖北的样本。

《大学之道》第二季第二集《奔跑的青春》，将镜头对准这个为高校素质教育改革提供新样本的社团，看这群大学生如何站在"不为考试加分，只为成长加分"的出发点，在青春里奔跑，在大学里"忙起来，学起来，快乐起来"。素质班及其支教故事成为这一集的亮点，向观众展现新时代大学生的别样风采，被很多人津津乐道。

素质班第二届成员邓春华当年为质疑素质班的人给出的一个回复，至今仍广为流传："它（素质班）真正的强大不在于现在，而是在于厚积薄发的未来。"《奔跑的青春》将镜头对准这个为高校素质教育改革提供新样本的社团，看这群大学生如何用一天天脚踏实地的行动，为厚积薄发的未来积蓄养分和能力。

以素质班二十条培养方案为行动指南，素质班人每天早晨7点之前起床，晚上11点左右就寝；每天看新闻20分钟，花10分钟为感触最深的新闻写一篇评论；每周运动5个小时；每个月做一次义工；每两个月进行一次朗诵或演讲；每个学期写两封信，一封写给家人，另一封写给曾经的同学；每学期学一首歌，每学年学一支舞；每学年进行一次社会调研，完成不少于3000字的调查报告……这是素质班的"军规"，也是支持这个社团屹立近20年的价值核心。

创建素质班的指导老师宋健主张结合生活与实践来看待教育、看待"人"。他希望通过素质班的实践，探索更适合新时代大学生的素质教育之路，把普通的人培养为懂生活的人、有希望的人、有内驱力的人。加入素质班，就意味着要将学会做人、学会求知、学会办事、学会健体、学会审美、学会创造贯穿于自己的大学时光。

素质班的支教事迹也成为《奔跑的青春》中重要的内容，因为拍摄条件受限，能进入镜头的只有巴东县清太坪镇姜家湾教学点。镜头中，那些孩子依依不舍的眼泪，既体现了他们对支教队的眷恋，也展现了他们在接受素质教育后产生的心灵触动。镜头的展示是有限的，而素质班日常活动和社会实践是多姿多彩的，素质班人正在努力探寻大学生素质教育模式的另一种可能。

第五章

探索前行：素质班支教模式

素质班支教队能持续十多年，并一直受到麻江和巴东当地教育工作者的认可、支持和孩子们的欢迎、惦念，一个重要的原因，是队员们认真负责、不走过场，既对支教地负责，也对自己负责。为此，素质班支教队形成了一整套流程和模式，其中有普遍共识，更有独到的做法。

　　每一届支教队的组织过程基本包含"队员选拔—集训—备课与试讲—支教、家访与社会调研—总结与反思"五个环节。

　　每年5月上旬，素质班便着手准备队员选拔事宜，随后开展课程策划、调研课题确定、调研问卷设计、备课试讲、确定调研问卷等工作。一般情况下，支教队出发前的准备工作从7月6日开始，这一天，所有队员集结并统一行动，出发时间为7月13日，返回时间为8月8日，调研问卷整理工作结束时间为8月20日。多年的支教经验已经使素质班形成了一套完整的方案，各阶段的工作都能按照计划和安排有序进行。

第一节 队员选拔——面试与试讲

支教队队员的选拔一般在每年的5月进行，通过结构化面试、无领导小组讨论、试讲等形式进行，最终选定10—15人成为支教队队员。在选拔开始前，素质班会组织往届参与了支教活动的队员进行宣讲，然后对招募到的报名人员进行面试。队员主要是在素质班内部完成招募，有时素质班也会根据实际情况考虑吸纳素质班以外的成员。

在有组织的宣传过程中，往届支教队队员会与在校生进行交流，分享支教感悟和经验，同时也会给予试图报名的在校生真诚的建议和热忱的鼓励。下面就是第四届、第五届贵州支教队队员刘迪写给第六届贵州支教队队员的文字，朴实的语言中满怀真情实感。

写给第六届贵州支教队队员

第六届贵州支教队的学弟学妹们，大家好！我是第五届素质班的刘迪，同时也是第四届、第五届贵州支教队的一员。

作为素质班的一员，大家应该都知道素质班的三件大事，即贵州支教、迎新商战和《大学记忆》的编辑。作为素质班人，如果没有经历过这三件事，未免会感到遗憾。

今天第一次听大家交流分享，听大家说起训练时发生的充满汗水与欢笑的故事，我心中也泛起涟漪。不论是素质班，还是贵州支教队，它们都已经成为我大学生活里非常重要的一部分，在这里，我慢慢成长，收获友谊，收获着我以前不曾想过的许多内容。就如第六届素质班开班时，学校领导对你们说的："在素质班，不要想着你将会从这里得到什么，只要你一心一意地去做，你的收获将超出你的想象。"同样，在去贵州支教的过程中，相对于我们为孩子们带去的东西来说，我们收获的其实更多，那里的孩子们教会了我们更多。与其说是我们去帮助他们，倒不如说是他们带给我们欢乐与成长。

我想问一下大家，在你们心中，"贵州支教队"这几个字代表着什么？是素质班组织的一场活动，抑或是其他？我一直相信，当世间万物被赋予感情的时候，它们便拥有了灵魂，"贵州支教队"亦如此。在我们很多往届贵州支教队队员的心中，"贵州支教队"这几个字早已拥有了灵魂。它是一个有着意志力、凝聚力和执行力的团队，就如每周一晨跑时我们所喊的口号一样——"忍辱负重，坚韧不拔，首战用我，用我必胜"。贵州支教队队员就是我的兄弟姐妹，我们一起吃苦，一起欢笑……我今天提到这一点，有两个原因。第一，刚刚大家在分享的时候，很多人都提到在参与体能训练时虽然很累，但很快乐，这是因为大家体会到了团队的力量和队员之间的友情。所以，不论任何时候，都要记住我们是一个团队。第二，今天人比较多，大家也比较热情，为了保证活动效果，我们一直都在控制节奏和时间。诚然，大家有想法、愿意表达是值得表扬的，但是作为一个团队，我们要为后面的同学考虑，在队长提出要控制节奏和时间的时候，大家都记住了，从这一点我能够看出我们这个团队非常团结，也非常有执行力。

在分享时，有几个同学说自己很开心能够来参加体能训练，但并不确定自己是否能够被选上并最终参与支教活动。其实，不论这一次能否去贵州，我都希望大家坦然面对并认真思考。如果有幸入选，你要思考自己作为这个团队的一员，能够为这个团队带来什么；如果未能入选，你也不要灰心丧气，可以仔细思考未能入选的原因，并在以后的日子做出针对性的改变。

选拔主要考察大家是否认可素质班的理念和文化，同时考察大家是否对支教有较清楚的认知。素质班会通过结构化面试、无领导小组讨论、试讲等多种形式，选拔出合适的成员参加接下来的集训。

暑期支教面试常用问题

一、支教类

（一）对素质班基本情况的了解

1. 《守望》中男主角的原型是谁？

2. 列举一所素质班开展支教活动的小学。

3. 素质班的支教历程有多少年？

（二）对支教的认识和理解

1. 你认为短期支教对于山区学生有什么意义？

2. 你期待在暑期支教经历中获得什么？

3. 你认为在暑期支教的过程中，什么最重要？

（三）对自我的认识

1. 你有什么兴趣和特长？

2. 你最想为孩子们教授什么课程？

（四）情景模拟

1. 第一次与学生（支教对象）见面，你将如何介绍自己？

2. 如果学生在课堂上交头接耳，你会如何应对？

3. 如果在支教过程中，有队员想提前退出，你会怎么做？

（五）其他

1. 介绍一位你最喜欢的老师。

2. 你认为应该对支教对象表现出同情、怜悯的态度吗？

二、再回访类

（一）对再回访的认识和理解

1. 你认为我们为什么要开展再回访活动？

2. 面对支教点的学生/被资助的学生/学生家长/支教点的老师，你最想了解什么情况？

（二）意愿及抗压能力

再回访工作团队虽然在贵州待的时间只有一周，但是前期准备工作需要耗费大量时间和精力,甚至在回访工作结束,大家回到学校后也要进行相应的资料整理工作,你能接受吗?

(三)相关工作能力

1. 你有过与社会调研相关的经历吗?

2. 你的材料收集和文字处理能力怎么样?

(四)情景模拟

1. 在回访过程中,如果你遇到了只会讲方言的老人,你将如何与其沟通?

2. 在回访过程中,你将如何向回访对象介绍自己?

第二节　集训——体能训练与知识准备

集训周期为两个月，主要考察支教必备的体能以及知识储备，同时进行团队建设，让新成立的支教团队更和谐、具有凝聚力。

体能训练时间为每周一至周五21：10至22：10，目的在于提升队员们的身体素质，促进队员们相互联系和沟通交流，提高团队协作能力，培养团队默契，加强团队凝聚力。

集训时，队员们要在湖北经济学院的操场跑步，做俯卧撑、高抬腿等体能训练项目。同时，素质班每周还会举办一次团队素质拓展活动，让成员彼此熟悉，更好地协作。

素质班人将暑期支教视为一项要长期做下去的重要工作，因此，大家从一开始就非常重视各方面知识的储备，其中包括教育理论知识、实践技能知识、实践地风俗及礼仪、写作沟通知识与方法，等等。同时，大家还要参加摄影、新闻撰写、社会调研方法、户外应急等相关知识的学习和培训。

支教工作将秉承素质班的理念，实施素质教育，促进学生德智体美劳全面发展。队员在参与培训的过程中，不仅要了解教育理论，而且要贯彻素质教育这一理念。前期，队员自行查阅一些教育理论资料，夯实理论基础；后期，队员参与集体培训，大家通过课堂演练互相学习。大家还积极讨论，探索适合小学生的教学方式和活动形式，通过寓教于乐的模式，促进孩子全方位发展和进步。

社会调研也是支教活动的重要组成部分，因此，队员们需要围绕调研选题，学习相关理论，掌握调研方法。这项学习一直持续到支教活动正式开始前。素质班在学校里举行专题讲座，还邀请指导老师为队员们提供专业指导，队长负责了解队员的学习情况并组织相关活动。同时，支教队指定一人担任理论知识收集专员，其任务是做好前期相关资料的收集和整理工作。

实践技能培训的内容包括实践团队队长培训、通讯员培训、急救员培训、调查统计方法培训、调研项目指导培训、支教技能培训等。

在实践地风俗及礼仪培训方面，队员们需要通过多种渠道了解当地的风俗习惯，熟悉当地的历史、地理、经济等方面的资讯。

对写作的再认识
（以下内容整理自金艳老师为素质班开展的写作指导）

写作就是将美好、深刻的事物或事件呈现出来。在今天这个时代，无论是老师还是学生，如果不更加有针对性地提升自己的写作能力，在未来，面对蓬勃发展的人工智能，我们可能会感到无所适从。因此，我们必须从以下几个方面做出调整：从重视知识记忆向学会思考转变，既要重视知识，也要超越知识；从重视共性积累向关注个体体验转变，只有个体充分发挥主观能动性，才能对事物有好奇心和想象力，提升创造性思维能力；从追求实现短期目标到重视长远转变，衡量人生价值的维度是多种多样的，志存高远方能登高望远，胸怀天下才可大展宏图。

写作的重要性是毋庸置疑的。有一种公认的说法，那就是几乎所有工作到最后阶段落脚点都是写作。比如，我们在开展一场活动之前，需要写活动策划方案，活动结束后，要写微信公众号推广文案，或者写活动纪要、新闻稿，或者写收获和感悟。无论是在学习中，还是职场上，所有的工作最后都体现在写作上。对于刚进入大学的同学而言，大家理解的写作只是写作文，是为了在高考中取得好成绩，很多人在写作时根本没有思考过为什么写、为谁而写、怎样写才最有效。但在现实生活中，我们在开始写作时必须思考并回答这些问题。

对于写作的认识误区值得我们注意。很多人觉得写作很难，那么写作究竟难在哪里？有人说自己阅历不够丰富，性格内向，不知如何下笔；有人说好词、好句积累不够，写出来的语言空洞无物；有人说自己运用写作技巧时不够熟练，没有掌握写作规范。不可否认的一点是，以上这些原因确实在一定程度上使写作显得很难。其实，如果将这些原因归纳起来，我们就会发现，导致写作难的根本原因，是我们对写作的认识还不够清晰。

我们的当务之急是重新认识到底什么是写作。写作是人类运用语言文字符号反映客观事物、表达思想感情、传递知识信息的创造性脑力劳动过程。写作中包含着思维活动过程，是观察能力、感受能力、想象能力、谋篇布局能力、表达能力等多种能力的综合运用和体现。我们需要从以前单向的"写"，向双向、多向的沟通过渡。

如何审视写作是否有效？这里有几个标准。首先，写出来的作品要文从字顺，符合语言规范，这要求我们努力提升表达能力；其次，作品要条理清晰，方便读者阅读，这要求我们具备读者意识；最后，作品要符合逻辑，这是思维能力的体现，要求我们在写作时多加思考。

我们先讲一讲如何培养读者意识。著名美学家朱光潜先生将作者与读者的关系分为不视、普视、俯视、仰视、平视五种类型。其实，大家以前写作文时，并没有读者意识，作文的读者似乎就是语文老师或者阅卷老师。现在，我们需要思考以下问题：素质班这次举办的"高中生活记忆"主题征文的读者是谁？是素质班的成员和老师，还是全校同学？他们想看什么内容？我们在写作中可以宣泄什么样的情绪，抒发什么样的感情？当这些问题进入你的脑海，证明你心里装着读者。如果心里没有读者，你可能会滔滔不绝地写散文，回忆自己在高中阶段经历的辛酸苦辣，写到动情处，你可能会涕泪横流，感慨不已，但读者想看这些吗？这样的作品只能作为日记，被藏在抽屉里。只有心中具备清晰的读者意识，我们在写作时才会有意识地体谅读者，才会想方设法让语言更有温度，让文字更有画面感，更注重细节，唯有如此，我们才有可能激发读者的共鸣，让读者与我们同频共振。当然，具备读者意识并非一味地讨好和取悦读者，真正好的作品一定是写作者与读者平等的对话。

我们再来讲一讲如何增强逻辑思维能力。对于刚进入大学的同学们来说，在某种程度上，写作就是一场思维上的成人礼。通过写作训练，我们才能让思维真正动起来。在这次主题征文中，大家写的大多是散文。散文有什么特点？答案是"形散而神不散"。散文看起来似乎无拘无束，自由散漫，写起来比较容易。事实上，大多数人写出来的散文做到了"形散"，"神"也是散的。可喜的是，有的同学能够抓住一个突出的意象，比如校园里的木棉树，让它成为一个充满情感和思想的意象，见证自己高中生活的酸甜苦辣。有的同学紧扣一个"雨"字，将自己情绪的起起落落和雨联系在一起。还有一位同学写到了校门口的小吃店，都和食物有关系，用"最是美食抚慰人心"作为点睛之笔，写出了高中生活记忆中的温暖和难忘。如果想真正提升思维能力，我建议大家试着写一写议论文。这种文体要求我们从一般性的现象描述上升到经验式的提问和总结，再挤掉其中的"水分"，简单来说，就是略过那些大家都普遍拥有的认识，使自己的作品略高于一般读者的平均认识水平，那就是实现思维能力的进阶了。从现象描述，到经验提问，再到理性提问，这样的写作过程才能促进我们提升思维能力。

  通过写作，我们可以获得更加丰富的人生体验。作品能体现写作者的个人特质。写作者通过文从字顺、条理清晰、逻辑严谨的作品与读者对话。说到底，写作只是一个抓手、一种途径，写作者要实现的目的特别多，如关注生活、观察社会、审视现象、传播观点、传递情感、沟通问题，等等。写作是一种思维训练，也是一种能力提升方法。坦诚地讲，面对写作中的困难，似乎没有更多的技巧，我们唯一能做的就是动手去写，写完后读一读，再慢慢修改，这样写出来的作品才能越来越好。这和大家加入素质班、提升个人素质一样，并没有什么捷径，我们只有不断地去做值得做的事，丰富自己的阅历，才能在过程中收获成长。

第三节　备课与试讲

集中备课、试讲、模拟课堂演练等环节与集训几乎同时进行。

不同于学校正式课程，暑期支教的课程是对学生所学课程的一种补充，短时间内难以非常系统地对学科知识进行全面讲解，而是从趣味、创意、实用角度给予孩子们全新的学习体验。

素质班支教所坚持的理念和采取的方式，是在实践中不断摸索并逐步形成的。支教方式经历了由纯粹的课堂教学到乡村夏令营的转变，最终支教队形成了以课堂教学为主、以课外活动为辅的支教方式，开创了各种具有实践性和创造性的课程。从客观上讲，这实际上是结合偏远乡村教育的特点而做出的针对性调整。目前，在偏远乡村，尽管教育条件有所改善，但依旧面临着师资短缺、教学资源不足、教育形式单一的问题。因此，短期支教的着眼点应该放在山区孩子们真正缺少的东西上，那就是素质教育，帮助孩子们培养兴趣，拓展眼界，德智体美劳全面发展。因此，除了主干课程之外，支教队还专门开设了安全教育、心理健康、体育、美术、音乐、舞蹈、历史、地理、演讲与口才等课程。

经过探讨、实践、观察、分析，素质班支教队确定采用寓教于乐的方式开展教学活动，注重生动性、趣味性、多元性。例如，通过趣味作文课程，孩子们能用更加快乐的方式去写作文；通过地理课程，孩子们能了解外面的世界，并打开眼界；美术、音乐、舞蹈等文艺类课程能让他们感受生活的丰富和美好；军训和素质拓展增强了孩子们的组织性和纪律性，促进了孩子们团队协作意识的启蒙，还让孩子们在各种游戏中找到了更多快乐。

第四节　支教、家访与社会调研

到达支教地后，在开展兴趣课程、素质拓展、趣味运动会、支教结业汇演等活动的同时，支教队还会按计划开展家访及相关主题的社会调研。

从第一届支教队到达贵州，大家就有准备地进行家访，并利用闲暇时间在当地开展社会调研。队员们跋山涉水，深入不同的家庭，和当地人面对面交流，这些都极大地增强了队员们对偏远山区的了解。在家访与社会调研中，队员们观察现象，发现、分析和探究问题的能力也提升了。

第一届贵州支教队队员们用了21天时间，完成了对125个孩子的家访，根据家访问卷和调查访谈内容建立了学生档案。这些档案的建立，离不开他们与学生一对一的交谈，也离不开他们与学生家长一对一的沟通交流。每天放学后，他们会陪孩子回家，并开展家访工作。队员们不辞辛劳地奔波在山间的小路上，不厌其烦地克服方言带来的沟通困难，只为近距离走进每个孩子的家庭，了解他们的家庭情况，尽可能详尽立体地还原每个孩子的成长环境。因此，队员们积累的资料非常丰富，这为他们结合通过问卷获得的统计数据，分析本地教育情况与规律，最终完成他们密切关注的调研课题打下了牢固的基础。

正如第一届贵州支教队队员郭彦所言："家访是我们了解麻江县杏山镇仰古村具体情况、了解孩子家庭具体情况的最好办法。我们可以近距离观察并感受本地村庄的现状，获得宝贵的一手资料。"

在进行家访的同时，他们还走访了申信小学的校长和一些老师，拜访了当地一些关心教育的知名人士，并形成了系列专访报告。这些专访对象拥有相对较高的文化程度，关心和了解本地社会、经济、文化等方面的情况，对本地教育情况较为了解，对本地能影响教育的经济、文化等相关信息也比较了解，能和支教队队员进行有效的沟通，为支教队完成社会调研提供了更有力的保证。

他们还走访了麻江县发展和改革局等机构，并形成了专访报告。这些机构往往有能力掌握一手资料，并能进行专业的统计整理，也愿意指导支教队，为支教队开展社会调研提供了重要支持。

从第一届素质班支教队开始，每一届素质班支教队都坚持在支教的同时开展社会调研，由此形成了不同主题的调研报告。与此同时，队员们有了更大的收获，他们越深入这片土地，越了解这里的人，就越能和孩子们手牵手、心连心。

表5-1和表5-2中是素质班贵州支教队（含再回访团队）和巴东支教队的相关信息。表5-3和表5-4中是素质班贵州支教队和巴东支教队的部分社会调研报告题目汇总。这些社会调研报告是支教队深入乡村开展社会调研的成果，具有重要的价值。

表5-1　素质班贵州支教队（含再回访团队）的相关信息

团队	时间	地点	成员
第一届贵州队	2010年	申信小学	陈莹、朱怡敏、李胜、游学超、杨龙、郭彦、彭良玉、陈双双、许梦蝶、王玉华
第二届贵州队	2011年	申信小学	游学超、王欢、庹文豪、陈博轩、王加权、张伟、张彦峰、陈炳霞、胡天静、姚慧、谭琪、徐冰、王颖剑、梁海平
第三届贵州队	2012年	青山小学	庹文豪、何文静、唐萌、朱燕红、吴燕、辛樊娟、朱琴、董杰、梁斌、何文涛、毛福强、陆珣、刘奕宏、何英萍、王颖剑
第四届贵州队	2013年	小堡小学	刘奕宏、刘巧玲、李金蓉、刘迪、李玉玲、桑华华、詹娜、刘振、陈樟、刘华明、陶剑锋、王悦雯、熊艺、武骏节
第五届贵州队	2014年	小堡小学	刘振、刘迪、张佳、陈雯、熊丽娟、李芬、宋爽、张森荣、王烁、严苗苗、任斯艺、王天照、黄江洪

续表

团队	时间	地点	成员
第六届贵州队	2015年	共和小学	徐展、李芬、江晓嫚、孙若兰、李丽丽、昝彩虹、王海燕、赵敏婧、蔡芳慧、张建军、叶江涛、朱夏明、许眉月、谢锦鹏
第七届贵州队	2016年	龙山小学	梁祖德、熊陈伟、孙若兰、李梦婷、夏瑜霄、杜雪静、陈荣、龚艳、尹怡敏、胡爽、刘威、杨冬冬、何山、邢超、郭一鸣、吴雪瑶、武骏节
第八届贵州队	2017年	乐埠小学	梁祖德、黄俊燕、毕丹丹、陈晓奥、周光銎、万金涛、高婕妤、杨帆、李凌越、游思源、屠俊杰、张艳、刘玉君、闫晶晶、彭歌、吴姝、王林燕
第九届贵州队	2018年	乐埠小学	周光銎、温竣、万金涛、肖楠、潘亭、周佳、袁佳丽、史蕊、刘芳好、程静、张妙谦、王月潮、王铮、陈敏、梁梦凡、李丹妮
第十届贵州队	2019年	乐埠小学	梁祖德、胡羿、袁俊锋、余巧珍、张玉琴、安明阳、刘成星、韦玉娟、邓涵、雷航、阮佳菲、贺玲、张佳雯、朱小琳、刘洋、杨雨妍、彭潇逸、陈世昆
贵州再回访团队	2021年	麻江	吴曦、舒鑫、任家海、陈思诗、李成晨、娄斯铭、安明阳、梁祖德
第十一届贵州队	2024年	麻江	李玉林、蒋桂林、卢林琴、覃贵席、黄雪晴、袁秀华、陈爽、孙俊琪、陈优优、杨家瑞、邓川琳、黄培玉、黄博、彭美玲

表5-2 素质班巴东支教队的相关信息

团队	时间	地点	成员
第一届巴东队	2017年	姜家湾教学点	江晓嫚、龚艳、黄梅、李若楠、吕玲雪、陈卓越、王昊罡、石康、蒙高丽、张藩城、孟丽
第二届巴东队	2018年	姜家湾教学点	张聪、殷甜静、田悦、陈精婉、黄梅、杜星月、严钰琳、曹梦递、吕远达、梁祖德、杨铖、谭定运
第三届巴东队	2019年	姜家湾教学点	吕远达、严钰琳、李丽、刘文龙、李清远、孙淑兰、姚婷玉、何秋锋、张思雨、陈欣、沈威、张培、李一纯
第四届巴东队	2021年	姜家湾教学点	杨铖、陈古月、张延、张熙、蔡金晶、李阳、刘艳芳、张金玲、赵文君
第五届巴东队	2022年	姜家湾教学点	梁祖德、张延、邹木兰、刘娉、张帅森、罗旭、杨浩、陈清昊、李嘉怡、白雪、谭戌艳
第六届巴东队	2023年	姜家湾教学点	梁祖德、陈清昊、李玉林、向荣、郝天、祁秋玲、赵英龙、姚鑫洋、吕慧玲、周贵龙、钟嘉玲、张春奇、靳文卓

表5-3 素质班贵州支教队的部分社会调研报告题目汇总

时间	社会调研报告题目
2010年	浅谈西南少数民族农村地区儿童家庭教育与幸福观 ——以贵州省麻江县杏山镇畲族聚居地为例
2011年	西南农村少数民族地区家庭对孩子教育的影响 ——以贵州省麻江县杏山镇为例

续表

时间	社会调研报告题目
2012年	财政惠农政策有效性分析 ——以贵州省黔东南苗族侗族自治州麻江县为例
2013年	关于农村留守儿童安全问题的调查报告
2014年	农村空心化背景下少数民族地区养老困境探究
2015年	浅析农村留守儿童成因问题 ——以黔东南苗族侗族自治州麻江县龙山镇为例
2016年	浅析家庭对留守儿童教育的影响 ——以黔东南苗族侗族自治州麻江县龙山镇为例
2017年	浅析不同年龄的农村老年人家庭养老现状 ——以黔东南苗族侗族自治州麻江县谷硐镇为例
2018年	互联网背景下农村留守儿童行为偏差与家庭教育方式的关系探究 ——基于贵州省麻江县乐埠村的调查
2019年	精准扶贫政策下偏远地区扶贫成效研究 ——以贵州省麻江县谷硐镇乐埠村为例

表5-4 素质班巴东支教队的部分社会调研报告题目汇总

时间	社会调研报告题目
2018年	浅析少数民族经济困难地区文化生活及文化需求现状 ——以恩施土家族苗族自治州巴东县清太坪镇姜家湾为例
2019年	浅谈经济困难山区儿童教育与管理中的问题 ——以巴东县清太坪镇为例
2021年	浅析经济困难地区影响教育的因素及教育环境现状 ——以恩施土家族苗族自治州巴东县清太坪镇姜家湾为例
2022年	关于巴东县清太平镇姜家湾老年人医疗情况的调研报告
2023年	关于巴东县群众饮食健康状况的调研报告

第五节　总结与反思

支教结束后,队员们返回湖北经济学院,对支教期间留下的相关文字、照片、视频等材料进行整理,并开展总结和反思。

总结与反思是支教队成员的重要工作,伴随着支教的全过程,主要包括撰写支教心得、感悟,撰写社会调研报告和学术论文,整理支教过程中的照片、视频等材料,公开财务情况,进行成果展示等内容。总结与反思能促进支教队的成长,同时也能为下一届支教队提供经验和指导。

第六章

双向奔赴：贵州再回访

第一节 心有所系 彼此守望

2010年,源于一缕善念,武汉和麻江从此产生了微妙的联系。如今,素质班的贵州支教活动已经走过了14年,先后有214名支教队队员赴麻江县6所村级小学开展暑期支教活动,受益的学生超过1000人次。得益于素质班的坚持,大家集思广益,贵州再回访行动计划产生了。

简单来说,贵州再回访行动计划的内容就是走访过往支教小学相关老师和当年参加了支教活动的学生。素质班人行动起来,有序开展组建回访团队(见图6-1)、制定回访方案、进行前期准备等工作,他们还通过微信、QQ、电话等形式联系上了超过100名在支教中受益的当地学生。很快,回访团队到达麻江,在8天时间里,他们对24名当地学生进行了实地走访,同时拜访了10多位支教学校的校长及老师,也拜访了参与素质班支教的当地大学生和其他对素质班支教给予支持的社会人士。

图6-1 回访团队

第二节　精心准备　回望初心

熟悉和整理资料：遇见熟悉的"陌生人"

多年来，素质班支教队的支教活动从未停止，一批又一批孩子在支教活动中受益。为了让即将参与回访的队员和孩子相互熟悉，让回访真正发挥实效，素质班支教队积累的大量资料就显得尤其重要。在出发之前，熟悉和整理历年贵州支教队留下的文字、图片、视频资料是回访队的重要工作，特别是支教队团队日志和队员个人日志中提及的参加支教活动的学生和他们留下的个人作品。熟悉和整理资料的过程让回访队更加熟悉每一届贵州支教队的经历，更深入地理解素质班支教的理念和发展历程。也正在是熟悉和整理资料的过程中，回访队和往届支教队取得了联系，也对那些来自乡村的孩子们产生了深厚的感情，尽管大多数人素未谋面，然而，一提及支教活动，大家记忆中那些最温暖、最鲜活的部分能在一瞬间让彼此变成熟人甚至亲人。

在熟悉和整理资料的过程中，回访队队员每一天都有新的惊喜。他们联系了往届支教队的七七姐姐、杨龙哥哥、朱怡敏姐姐等，他们的名字在当年孩子们留下的文字中反复出现。孩子们的现状也令人欣喜不已：易双霞、易双秀姐妹都考上了重点大学，当初爱跳街舞的小男孩赵祥虎如今实现了当街舞教练的梦想，当初叛逆顽皮、爱逃课的男孩喻庭波现在已经扛起家庭的重担……这些都让回访队更加懂得支教的意义和价值，也更加坚定了开展回访工作的信心。

只有用心，才能从容面对

回访是个专业事，但队员都是新手，他们需要认真学习与访谈有关的知识。回访队首先集中学习了《采访提问100例》，然后运用其中的理论和方法对知名访谈节目《面对面》中的经典案例进行分析。在一周的针对性学习和研讨之后，回访队在理论方面有了积累。接下来，回访队拟定和完善了采访提纲。

第三节　再次相遇，如此美丽

出发，到麻江去

2022年7月11日晚上11：52是开往贵州凯里的火车出发的时间，然而由于晚点，直到7月12日凌晨，回访队才终于踏上了前往凯里的火车。但等待并没有让大家变得焦虑，反而让大家更加期待接下来的回访之旅。为了这次回访，他们已经准备了近两个月，每一个人都对即将开始的回访充满信心。

回访队中，许多人是第一次搭乘如此长距离的火车前往一个陌生的地方，火车硬座条件有限，有的队员坐也不是，躺也不是，只能偶尔眯一会儿，缓解劳累和困意。在漫长的旅途中，他们内心的信念更加坚定，就像宋健老师说的，当我们出发去一个地方，不仅仅是远山在召唤我们，更是我们的心在发出召唤。贵州麻江，这个让素质班人魂牵梦萦的地方，它就在前方。

实地走访：彼此惦念，双向奔赴

这是一场双向奔赴的旅程，回访队从武汉奔赴麻江，而远在贵州的学生同样急切地盼望着回访队的到来。当年参加过支教活动的麻江学生已经长大，很多人已经走出麻江，为了能见一面，他们在微信群里反复询问回访队的行程安排。参加了第一届、第二届申信小学支教活动的易双霞、易双秀姐妹如今分别在贵州大学和西南大学就读，回访时间正好与她们的实习期冲突了。然而，为了这次重逢，就在回访结束的前一天，姐姐易双霞来回步行4个小时，只为和队员们见一面，妹妹易双秀也特意向实习老师请假，提前从贵阳赶回麻江。

留在麻江的学生更是焦急地等待着回访队。参加过第三届青山小学支教活动的吴如坤在家里等了两天,第三天一大早,他就带领回访队前往青山小学旧址。他和回访队聊起了那段关于支教的记忆,说起自己当时在哪个教室上课,在哪片空地上军训。因为有了素质班多年来的真诚付出,回访旅程显得如此美好。

回访队还拜访了各支教小学的校长和老师,他们是素质班贵州支教队的支持者。作为乡村教育工作者,他们对于素质班支教理念有着更深入的理解。韦运霞曾经是共和小学、龙山小学的校长,这两所小学分别是第六届、第七届素质班的支教地,也正是有了韦校长的引荐,素质班后来连续三年在乐埠小学开展暑期支教活动。可以说,韦校长是素质班贵州支教活动的直接见证者之一,她充分了解并认同素质班的素质教育理念,这也启发了她之后在当地推行素质教育理念。在回访中,大家无比欣慰地得知,如今,韦运霞作为麻江三小的校长,正在大力推行素质教育,在她的带领下,麻江三小已成为全县乃至全州的素质教育重点示范学校。

好的教育,一定有着从人出发、回归生活的本质,这样的教育不仅能让教育者动心,更能让受教育者受益。

曲折的返程之旅——一直在路上

八天的回访很快就要结束了。在回武汉的路上,素来"天无三日晴"的贵州似乎和回访队开了个玩笑,大家乘坐的火车经历了两次停运、一次晚点,历时三天两夜,最后终于抵达武汉。对此,一位贵州学生打趣地说,这是麻江舍不得素质班人走,想要他们再多待几天。旅途辗转而漫长,那是因为山高路远;旅途美好而奇妙,那是因为彼此惦念。充满波折的返程似乎预示着这一场奔赴还没有结束,也不会结束。

第四节　支教，到底能带去什么？

第五届素质班成员徐展是第六届支教队的队长，现在，他已成为武汉一所高校的辅导员。他曾经在《关于对素质班贵州支教的认识与探讨》一文中写道："但凡提到支教，人们免不了会这样问：'支教，到底能为当地带去什么？'我对于这一问题的思考和探讨也从来没有停止过。"这也正是素质班开展再回访行动的目的和意义。理论层面的思考非常重要，这关系到素质班支教的初心和行动，而实地走访让素质班人更具体实在地看到支教的影响和价值，这成为他们对理论思考的一种验证——经过时间的沉淀，支教活动到底能为当地带去什么？

在回访过程中，队员们收获更多的是感动和惊喜，几乎所有学生都对支教队和支教老师们念念不忘，还有一些学生即便已经成年，仍珍藏着关于支教的回忆。尤其令人振奋的是，一些学生家长和当地教育工作者因素质班的支教活动而有了改变。

对孩子们的影响：陪伴、激发、示范

"天无三日晴，地无三尺平，人无三分银"，在当地人眼中，这句朴素的话是贵州的真实写照。素质班支教队所在的麻江县有着绵延不绝的大山，在农村小学"撤点并校"[①]的背景下，许多学生需要自己走遥远的山路上学，因此小学住校生比例很高，以麻江三小为例，住校生比例超过了60%。这些孩子多为留守儿童，再加上他们的父母大多都是受教育程度不高的农民，终日为生计操劳，对孩子们缺少陪伴。

支教队的到来，让原本暑假只能在家里待着的孩子们可以通过参加支教活动，和远道而来的老师们待在一起，和原本各自分散的同学交流学习。在

---

① 从2001年开始实施的农村中小学布局调整政策，已持续20余年，俗称"撤点并校"，即将大部分村庄小学撤并到乡镇或县城，将大部分乡镇中学撤并到县城。

这次回访的众多师生中,当回访队问起支教为当地孩子带来了什么时,他们中的多数人都会说到"陪伴"这个词,有人陪伴,孩子们的性格变得更开朗,生活也更充实。

共和小学的学生文真琪告诉回访队队员,参加支教活动的时候,正是她最孤单落魄的时候,而支教队的哥哥姐姐们让她感受到了很多关爱,让她的性格更加活泼开朗。她提到,如果没有支教队,自己可能连高中都上不了。在采访乐埠小学孟强烽的过程中,正处于小升初阶段的他反复问今年还开不开展夏令营活动,暑假里他总是自己一个人在家,父母在外奔波,与他交流较少。所以即使之前参加了三次支教活动,他仍然热切期待支教队能来。申信小学原校长王佳优有着十三年的教学经验,他说:"对于学生而言,重要的是培养他们的自主学习能力,学习需要靠自己,而素质班的支教,带给孩子们很多全新的东西,激发了他们学习的兴趣,这有助于他们自主学习。"在对隆昌小学赵华甫校长的采访中,他也提到了支教队带给了孩子们很多新鲜感,让他们更加愿意去学习,这是在日常教育中很难做到的,支教活动为这里的孩子在学习兴趣激发和学习方法改进上提供了很多帮助。

在支教过程中,最重要的是课程内容与方法的针对性和有效性。素质班支教活动于2010年启动,那时候,素质教育的理念还没有普及到麻江乡村,即便是今天,当地教师资源也相当匮乏,许多课程无法开展。素质班支教队队员们针对这一实际情况,设计了许多兴趣课程和活动,包括手工课、音乐课、地理课、模特秀、趣味运动会等,课程和活动形式新颖、内容丰富,就是想让孩子们尽可能地多一些尝试和探索,帮助他们认识到自身的可能性。在回访过程中,孩子们反馈这些课程和活动很有趣、很好玩,回访队队员意识到这是他们对支教最高的褒奖。他们无法表达更深奥的道理,而有趣、好玩本身就是他们对这些课程和活动最真切、最直观的体验和感受。

在支教过程中,最不能忽视的是队员自身的榜样力量。支教队的哥哥姐姐让孩子们憧憬自己长大的样子。乐埠小学的学生孟强烽会因为他最喜欢的支教老师彭歌身在长沙,而追随她的脚步去长沙上大学;申信小学的易双秀因为支教队的影响,进入大学后积极参加各项公益活动,她还通过线上方式参与了素质班的巴东支教活动。

对学生家长的影响：改变认知，重视教育

家庭教育、学校教育在学生成长期间发挥着举足轻重的作用。因为支教队的到来，当地一些学生家长对教育的认知也发生了改变。

从第一届贵州支教队开始，素质班人就非常重视家访。家访路上，支教老师陪学生一起走遥远的山路回家；走进学生家里，他们与家长聊家长里短，聊孩子的学习和生活，支教老师提到的一些观点在潜移默化中影响着一部分家长，改变了他们对教育的认知。在麻江，中小学学生辍学的现象较为普遍，在一些村落，受传统的重男轻女观念的影响，很少有女孩有机会走进学校接受教育。原申信小学的校长王佳优是当地第一位接受大学生支教队的小学校长，在接受采访时，他说道："很多家长对女孩的教育并不重视，素质班支教队通过家访，让很多家长意识到，原来在远离大山的地方，有很多女大学生，女孩也可以通过读书改变自己的命运。这对当地的传统观念无疑有一定的冲击力，也间接推动了当地教育的发展。"正如笔者在前文提到的，田丰银姐妹能够重返学校，继续参加心心念念的支教活动，就是得益于家访时支教队队员对她们父亲的劝说，支教队队员的真诚使她们的父亲放下了顾虑，改变了态度。

也许支教队能够影响的家庭是有限的，但队员们一直都没有放弃努力。一个家长态度的转变，意味着至少有一个孩子可能因此有更多的机会，也必然会对周边的家庭产生影响和示范作用。

对当地老师的影响：推行素质教育

在一些经济比较落后的地区，参加高考可能是许多山村孩子走出去的唯一选择。笔者在前文提及的韦运霞校长，最开始她并不是素质教育的笃信者，和大多数人一样，她也认为孩子们需要专注课本知识的学习，掌握应试技巧，素质教育并不适用于乡村孩子。然而，一个现实问题摆在她面前：由于当地教育资源比较匮乏，并不是每一个孩子都有机会上大学，如何让孩子们通过

参与更多元化的活动，拥有更丰富的体验，从而引导他们找到自身的优点，认识到自己的价值，充满自信地面对以后的生活？

在与素质班打交道的过程中，她逐步认识到素质教育的作用和意义。在共和小学和龙山小学任教期间，韦校长感受到了丰富多彩的课堂形式为孩子们带来的惊喜。如今，作为麻江三小的校长，韦校长将"让每一朵花都精彩绽放"作为学校的教育理念，把素质教育真真切切地带进了这所学校。让孩子们坚持晨读，引导孩子们重视身体锻炼，培养孩子们的兴趣爱好等很多活动形式以及其中所传达的理念，都与素质班的教育理念以及二十条培养方案高度契合。

结　语

宋健老师在接受《长江日报》采访时曾说："我们不能改变所有人，多改变一个就好。"这也是他当初创办素质班的信念。这些来自素质班的支教队队员们，前往条件艰苦的大山深处，为当地孩子们开展支教活动，也是怀着同样的信念——也许他们不能改变所有的山区孩子，但只要相信并用心践行，最终他们会发现真的能影响这群孩子，带给他们爱、梦想和希望。学生马守春在写给宋健老师的一首诗中写道："你只想改变航向，却改变了风。"也许有人会说，素质班支教队和其他团队并没有什么不同，对此，素质班人的传统是，在思考中埋头做事，在坚守中不忘初心，始终如一地做自己认为正确而有意义的事情。

回访队采访易双霞、易双秀姐妹的部分记录

素质班在贵州的支教活动走过了十余年，许多孩子也长大成人，离开了麻江，无法与我们在麻江见面。易双霞、易双秀姐妹如今分别在贵州大学和西南大学就读，她们特意赶回麻江和回访队见面，大家一起回忆当年的支教故事。

回访队队员：你有什么印象比较深刻的场景吗？

易双霞：我对支教队快要离开的那两天印象最深刻。他们给了我们一个信封，告诉我们回到家之后和父母一起打开信封。我们姐妹俩在路上忍不住悄悄打开了信封的一角，发现了红艳艳的东西，心里疑惑可能是钱，但也不敢多想，就赶紧回家。到家以后打开，果然是500元钱。当时，我和妹妹都有点吃惊，因为这500元钱对于当时的我们来说是一笔巨款，我们当时不知道该怎么办，父母也不在家。信封里还有一封信，老师们在信里写道，他们了解到我们姐妹生活很不容易，决定尽他们所能来帮助我们，合力凑了500元钱，让我们用来补贴生活和学习费用，希望我们以后积极向上，努力读书……还让我们一定要收下这笔钱。

第二天一大早，我们姐妹俩早饭都来不及吃，就赶去送他们。当时，我们一直追着他们的车跑，心里真的很难受，非常舍不得他们走！现在想想那时候的感觉，我还是想掉眼泪！

回访队队员：你觉得支教队的老师带给了你们一种怎么样的感觉？

易双秀：亲切，他们真的非常亲切！支教队的老师们不像学校老师那么严肃，他们就像哥哥姐姐一样关心我们，也像朋友一样和我们相处，毕竟我们年龄相近，相处了20多天，我有许多心里话、悄悄话想与他们分享！他们让我们看到了大学生的真实面貌——真实、真诚、积极、有力量，我忍不住想亲近他们。在家里，父母总说我们要努力考上大学，但是我们一直不知道大学究竟是什么样子的。直到真正的大学生来了，我才知道原来大学生就是这样子的。他们会给我们看大学校园照片和他们生活的照片，还为我们介绍大学里的情况，我们当时就觉得，好棒啊，我长大以后也要去体验这样的大学生活！就是这样，他们在我们心中种下了一颗上大学的种子。

回访队采访喻庭波的部分记录

喻庭波是参与素质班第一届贵州支教活动的学生,也是第一个接受我们采访的学生。第一届贵州支教队的团队日志里记录的喻庭波,是一个调皮叛逆的孩子,但老师们家访时看到的是不一样的喻庭波。他在家是一个特别乖的孩子,很懂事,他知道家里负担重,就经常帮忙做农活,还会自制木质玩具给弟弟玩。他在学校很顽皮,上课时爱接老师的话,带动全班同学起哄,听讲不认真,爱做小动作。

时间的车轮飞速运转,喻庭波长大了,他虽然不喜欢读书,但态度踏实勤奋,靠着自己对车的喜爱与踏实肯干的劲,开了一家修车店,有了自己的小家,也为父母和自己买了房。

回访队队员: 波哥,你真的是一个重情重义的人。距离你参加支教活动已经过去了那么多年,当回访队来到贵州,你不仅答应接受我们的采访,而且热情大方地招待我们……

喻庭波:人与人之间都是有情义在的,遇见即缘分……在家靠父母,在外还是得靠朋友。

回访队队员: 能谈谈你经历支教后的变化吗?

喻庭波:支教老师的到来,让我看到了外面的世界。那个时候,教我们的支教老师很关心人,给人的感觉特别亲切,后来,我们就把他们当成家人。我们之间发生了很多有趣的事,我们一起参与了很多活动,那个夏天过得十分有意义……时间过了这么久,许多细节我已经记不得了,我连那时候自己的照片都认不出来了。即便如此,那种情义是一直都在的。

第五节　关于支教的再认识：长期支教与短期支教的区分

长期支教与短期支教的区分

长期支教指的是时长至少为一个学期的支教活动；短期支教一般是高校在校生利用暑假或寒假开展的支教活动，时长不会超过一个月。素质班的支教活动无疑属于短期支教。

长期支教是西部计划的一部分。很多情况下，这类支教者会获得一定的补贴，当他们支教结束重新参加工作，或者参加研究生考试、公务员考试时，都能享受一定的优惠政策。长期支教志愿者在支教地点承担着与当地老师同样的教学任务，为充实西部义务教育师资力量做出了很大的贡献。

在短期支教的价值方面，一直都存在很多讨论，莫衷一是。

短期支教的价值

短期支教地点的孩子们往往有一个特征，那就是留守儿童居多，家庭和学校对孩子们的心理需求关注较少。这正是短期支教关注的地方，短期支教的价值也因此能够得到体现。具体来讲，短期支教的价值表现在以下几个方面。

第一，短期支教者并不能真正地教给孩子们多少知识，毕竟支教活动持续的时间短，但短期支教者可以和孩子们交朋友，让孩子们度过一段快乐的暑假时光。

第二，由于时间短，短期支教者根本无法系统地开展教学活动，但他们可以结合自身的优势，在教学上注重趣味性、娱乐性，将素质教育理念融入支教活动，丰富孩子们的文化娱乐生活。

第三，短期支教者会将走访调研作为支教活动之外的重要工作。到孩子家进行家访，对当地的经济社会情况进行调研，这能加深支教者对当地情况的了解，能使支教者和孩子们更加亲近，为后期开展困难家庭孩子的资助工作打下基础。

素质班支教活动的特殊性

首先，素质班开展的支教活动在一定程度上撬动了当地的社会资源。截至目前，素质班的支教活动已经开展了十多年，因主客观原因，具体支教学校几经变化，但基本都在贵州麻江和湖北巴东。支教活动得到了当地教育系统人士的密切关注，也积累了相当丰富的资源，这也使素质班的支教活动开展起来更加顺利。同时，众多关心素质班成长的人不懈坚持，使得支教活动在持续开展中不断优化。素质班的支教活动发挥了特殊的作用：以坚持的力量，在一定程度上助推当地教育事业的发展，这一点在贵州麻江表现得尤为明显。因为多年来素质班人脚踏实地取得的成绩，麻江县对支教活动给予了足够的重视和支持，这吸引了更多高校来此开展支教活动，使麻江县青少年暑期文化建设活动工作稳步发展。

其次，素质班支教队构建了完整的支教体系。从前期准备，到具体实施，再到后期反馈和总结，整个过程都有章可循、有序推进。前期准备中的培训、策划、体能训练都有往届支教队队员的传帮带；具体实施过程中，队长多由上一届队员担任，保证支教队教学特色鲜明，学生活动丰富多样；后期反馈和总结认真、及时，能够吸引社会的关注和支持，同时引导社会力量对困难学生实施有效资助。这种完整的流程与构架，最终促成了多种力量的汇聚，包括支教队的力量，关注支教队的社会力量，关注偏远山区教育事业的社会力量等，多种力量形成合力，使支教队不断发展。

再次，素质班支教队坚持"忙起来，学起来，快乐起来"的理念，强调促进学生德智体美劳全面发展，注重学生习惯的养成、能力的提升，这显得纯粹而难得。支教队队员在素质班中受到潜移默化的影响，能在支教中去除杂念，摒弃很多功利性目的（如为了获得学分、在评奖中得到特殊照顾等），而是真诚地付出感情和精力，陪伴孩子成长。

最后，素质班支教队的精神内核得到了传承和发展。因为有像宋健老师、梁祖德这样的素质班人初心不改，公益支教的精神没有消失，而是在一届又一届素质班人的努力下很好地得到了传承。每一年都有新人加入支教队，新鲜血液的融入使支教活动始终展现出了热情、活力，也呈现出强大的创造力和生命力。

特别值得一提的是，素质班支教队不断向专业化方向成长。通过10年贵州支教、6年巴东支教，支教队积累了大量经验，已经形成了一套成熟的支教模式。2015年，支教助学服务中心的成立使支教队有了正式公益机构的组织和推动，素质班支教事业向更加专业化的方向发展。

关于短期支教价值的探讨

但凡提到支教，人们免不了会这样问："支教，到底能为当地带去什么？"社会上对于这一问题的探讨也从来没有停止过。

我们常说，知识改变命运。山里的孩子要改变命运，就需要见识更加广阔的世界，自然需要走出大山。支教不就是帮助山里的孩子走出大山吗？这恐怕是大多数人的理解。但是，如果将走出大山视为核心关注点，那么问题就来了：对于那些已经付出了努力，但最终没有走出大山的孩子来说，他们的未来就注定是灰暗的吗？更何况，走出大山就一定意味着改变命运吗？因此，如果不将问题的核心理清楚，即便反复讨论，我们终究只能停留在讨论的层面，于问题探讨本身并没有实质性帮助。

要回答这些问题，我们首先要清楚谁是问题的主体，即谁要改变命运、改变谁的命运，答案自然是山区的孩子。既然他们是主体，那么他们就有权自己做出决定，我们所有的活动都应该以尊重孩子的自主选择为前提，而不是强行向他们灌输"走出大山，改变命运"这样的口号。

既然要让山区的孩子自主选择，那么支教是不是就什么事情都做不了呢？恰恰相反，支教可以做的正是帮助他们认识自己、尊重自己，并尝试自主做出选择。

一方面，我们要帮助他们认识到自身的可能性。人要有希望地活着，首先就要了解自身的可能性，感受生命的多样性并有所向往。支教能够有效地开拓他们的视野，帮助他们发掘生活中的各种可能性，种下一颗种子，让其积蓄力量，慢慢发芽，慢慢长大。

另一方面，我们要尊重并保护孩子自主选择生活的权利。世界的精彩正在于其丰富性和多样性，我们无法强求每个人都做出千篇一律的选择。作为独立的生命个体，自主选择自己想过的生活应当是孩子的基本权利。

感动了无数中国人的德国支教志愿者卢安克说过这样一句话："我的学生要找到自己的路，可他们的路是什么样的，我不可能知道。我想给他们的是走这条路所需要的才能和力量。"在麻江和巴东支教积累的经验让素质班人越来越清楚的一点是，他们能做的、该做的是为孩子们提供更多的可能性，通过丰富的活动为孩子们提供尝试的机会，帮助孩子们在其中认识自己，发现自己潜在的可能性，即让他们有的选，而最终选择的权利，则应该掌握在他们自己手中。整个过程中，素质班人应遵循的是正确引导但不干预的原则，不可越俎代庖，否则就成了教育上的一种专制。正如易双霞、易双秀姐妹都进入高校继续深造，而喻庭波则通过自主创业承担起了家庭的重担，他们的人生各有精彩之处。

十年树木，百年树人，改变从来都不是一蹴而就的。对于支教队队员而言，支教经历势必会在他们的心里烙下不可磨灭的印记，支教经历会让他们对教育多一些关注和思考，他们毕业后进入各行各业，从不同角度去关注教育、助力教育，这种持续的关注和思考，对于教育来说也是一种促进。对于山区孩子来说亦是如此，他们在支教活动中感受到的陪伴和关爱会一直留在记忆深处，使他们在前行的路上不再孤单。等他们长大成人，他们也会通过自己的方式将这份美好传递下去。

每一个灵魂在这个世界上都是独一无二的，教育就是一个灵魂唤醒另一个灵魂，其意义并不会因为作用对象的多寡而有所减损。支教队能做的事情很有限，但正如梁祖德说的，"如果我们一年能影响两个人，那10年也能影响20个人了"，每一个生命都值得被重视、被激发、被欣赏，对于那些因支教队的到来而绽放得更加灿烂的生命来说，支教具有非同寻常的意义。

附录

素质班二十条培养方案

一、培养条件、宗旨和目的

培养条件：自愿、诚信、意志。

培养宗旨：忙起来，学起来，快乐起来。

培养目的：在努力学好专业知识的同时，采取一系列具体的措施，用养成教育促使学生良好习惯和高尚情操的形成，为社会培养全面发展的公民。

二、活动主体

培养对象：湖北经济学院在校本科生。

三、培养时间

培养时间：两年为一届。

四、素质班的刊物

《大学记忆》

五、培养方案

1. 每天早晨7：00之前起床，晚上11：00左右就寝（不早于10：00，不晚于12：00），节假日除外。养成良好的学习、生活习惯，为做好其他事情提供时间保障。

2. 每天看新闻20分钟，并用10分钟为感受最深的一则新闻撰写评论，字数约100字。了解最新国际、国内时事动态，学会用智慧的眼睛和思辨的头脑观察社会，了解世界，保证思想总是走在时代前列。

3. 每周运动5个小时（不少于3天），掌握一项运动的基本技术和技能。运动不仅能强身健体，而且能提高学习效率，提高生命质量。在运动中感受生命的快乐。

4. 每个月做一次义工，时间不少于两个小时。培养爱心，学会施善于人，心怀感恩之心。

5. 每两个月参加一次朗诵或演讲，文章自选。提高朗诵、演讲水平，培养语言表达能力及勇敢、自信的品质。

6. 每两个月参加一次讨论或辩论，对自己的所见所闻、所思所想发表见解。真理是愈辩愈明的，在讨论和辩论中，提高自己的思辨能力。

7. 每两个月观看一部优秀影片，每学期写一篇影评。培养艺术鉴赏能力和审美能力，陶冶情操，洞察社会。

8. 每两个月读一本书，并写出至少1500字的读后感。提高阅读和写作能力，提升自己的修养和气质。

9. 每学期制作一期海报，学会策划、设计、整理、归纳。

10. 每一个成员结交一位优秀的师长。向优秀的人看齐，知道前进的方向。

11. 每一个成员结交几位值得信赖的朋友、同学。

12. 每一个成员所在的寝室要积极创建文明、安全、卫生寝室。学会与人相处，珍惜同窗之情。

13. 每学期写两封信，一封写给家人，另一封写给自己曾经的同学。

14. 每学期至少听4次讲座。

15. 每学期学会唱一首新歌，每年学会跳一支舞。

16. 每学年参加一次校际交流活动。感受不同的校园文化和校园精神。

17. 每学年进行一次社会调研，写出不少于3000字的社会调研报告。走向社会，了解社会，研究社会，用所学知识回报社会。

18. 每一个人在大四之前参加一次招聘会。感受招聘会现场的气氛，了解市场对人才的需求。

19. 每年一次旅行，游览祖国山水，培养爱国主义情怀和民族情感。

20. 每一年利用节假日外出打工，并记录一个月在校的开支情况。知道金钱的作用和价值，从而懂得珍惜每一分钟、每一分钱。